タイ国家警察大佐・警視庁警察学校非常勤講師

戸島国雄

日本・タイ
警察人生60年

鑑識捜査官が語る事件・危機管理

並木書房

はじめに

東南アジア屈指の経済的、社会的発展を続けているタイ王国は、政府の観光立国、外資誘致政策で世界中からの観光客はもとより外国企業の駐在員や訪問者も多い。

タイを訪れ、ホテルに着けば、ホテルスタッフの優しい笑顔と「ワイ（合掌してお辞儀をするタイの伝統的な挨拶の所作）」の出迎えを受け、旅の疲れも忘れる。タイに来た日本人は、なんて礼儀正しく親切な人たちばかりなのだろうと思うに違いない。「微笑みの国」と呼ばれるタイのホスピタリティーは、まさにその言葉どおりで日本にはないエキゾチックな文化や習慣、温暖な気候、南国特有の色鮮やかな花や美味しいフルーツに心は癒される。

首都バンコクでは高層ビル群が象徴する近代的な大都市の風景と、寺院などの歴史的建造物がそのまま残る厳かな仏教文化との対比と調和、また、地方に目を転ずれば、北部にはチェンマイなどの観光地と手付かずの大自然が広がる山岳地域、南部にはプーケットに代表される美しい海とリゾート地が訪れる人を惹きつける。

タイは魅力にあふれる国だが、訪れる者にとって結構なことばかりではない。タイに限らず海外のどこの国でも犯罪者やアウトロー（法喪失者）と呼ばれる者たちが少なからず存在していること、交通事故や火災などに遭ったり、また政情不安による騒擾に巻き込まれたり、さらに近年では自然災害やテロ事件が世界各地で頻発しており、さまざまな危険に遭遇する可能性があることを忘れてはならない。

日本は世界でも特殊とも言えるほど安全で治安のよい国である。それゆえに、海外の治安状況や危険性を認識せずに、事件・事故に遭う日本人が多くいる。外国では日本のように事件・事故など緊急事態に際して「110番」すれば、すぐに警察官が駆け付けてくれたり、公的機関に助けや支援を頼ることができるとは限らないので、ふだんから防犯や防災への安全意識を持って、もしもの時に、どう対処するかあらかじめ確認、心掛けておかなければならない。世界各地の日本大使館や日本領事館は日頃から日本人旅行者や在留邦人に対して安全情報を発信しているが、海外滞在中の安全確保はあくまで自己責任だ。当該国で地元警察や在外日本公館のお世話にならずに安全で快適に滞在し、生活を営めるか否かは、つねに自身の高い安全意識と危機管理次第である。

私は、かつて警視庁警察官として38年間奉職し、そのうち34年間を鑑識捜査員として勤務してきた。そして、機会を得て国際協力事業団（現・国際協力機構：ＪＩＣＡ）の国際協力専門員としてタイ王国国家警察局（現・タイ王国国家警察庁）に派遣され、当地の警察で通算23年間にわたり鑑識・捜査活動の技術、実務の指導にあたった。それらの経験と出来事は、これまでに拙著『タイに渡った鑑識捜査官』『警視庁似顔絵捜査官００１号』『警視庁刑事部現場鑑識写真係』として上梓した。

本書はこの３冊の続編として筆を執ったものであり、前著では紹介できなかった私が在タイ中の出来事やエピソードを中心に、また、今後タイを訪れる人が安全に滞在し、そして当地でトラブルを回避するために役に立ちそうな話題を思いつくまま綴った。

執筆中の現在も、発生から3年あまりを経過した新型コロナウイルスの感染状況は収束が見通せないままにあり、タイのこれまで累計の感染者数は約４７５万２０００人、死亡者は約３万４０００人（タイ政府新型コロナウイルス感染症対策センター、２０２３年1月発表）に上っている。これにともなって、タイを訪れた日本人はコロナ禍以前（２０１９年）の年間約18万６０００人から約９４０００人（２０２１年）に減少した。タイ政府は２０２２年9月をもって、およそ

2年半にわたって継続してきた非常事態宣言を解除し、２０２２年10月からは外国人観光客がビザなしで滞在できる日数を延長するなど、感染対策を緩和しつつあり、いずれ以前のように日本とタイとの間でも人の往来が活発になり、再び多くの日本人がタイを訪れるようになるであろう。

本書が読者の安全意識の向上や安全対策の一助につながれば幸甚である。

日本・タイ警察人生６０年　［目次］

第4章　忘れられない事件、出来事　86

第5章　〝仏の国、天使の都〟にも犯罪はある　123

第6章　日本人が起こした事件・トラブル　153

第7章　麻薬、違法薬物　170

第8章　事故、不測の事態への対策　184

第1章　陸上自衛官から警察官への転身

〝精鋭〟空挺部隊に配属

私は1941（昭和16）年1月、山口県下関市で生まれた。父は造園業を営み、7人兄弟の三男として育った。子供の時分は腕白で負けん気が強い性分に加え、体格もよく腕っ節も強かった。高校2年生の頃、不良たちと喧嘩をして地元の警察に補導されてしまい、このとき世話になったM巡査部長から「つまらぬ喧嘩などするな、若さと腕力を持て余しているなら柔道をやれ」と諭されたのがきっかけで、警察署の道場でM巡査部長の手ほどきの下、柔道を始めた。

習い始めると、たちまち面白くなり、私は柔道の稽古に熱中した。M巡査部長は稽古以外にもいろいろと話を聞いてくれる、よき〝師範〟であり、高校卒業後の進路について相談したところ、私の適性や体力から陸上自衛官はどうかと勧められた。

1960（昭和35）年6月、私は陸上自衛隊に入隊した。当時、大分県の別府駐屯地に所在していた第3教育団第111教育大隊で新隊員教育を受け、この後期課程で普通科（歩兵）職種の重迫撃砲の特技教育に進んだのだが、同じ動作や作業を反復する訓練ばかりで、若かった私には面白みがなく、正直、嫌になっていた。

後期課程の修了が近づき、北海道・帯広の部隊に配属が決まった。そんなとき、陸上自衛隊唯一の落下傘部隊である第1空挺団（習志野駐屯地：千葉県船橋市）の存在を知り、ここなら、もっと自分の意欲や体力を活かすことができると考え、空挺隊員を志願した。当時から空挺隊員の選抜には身長、体重、体力、適正などに厳しい基準が設けられているが、これに合格し、空挺教育隊の基本降下課程（24期）で約5週間の訓練を経て、念願の第1空挺団の一員になった。

編成完結間もない第1空挺団には全国から年齢、階級もさまざまな精鋭たちが集まっており、東富士演習場に落下傘降下して数日間連続状況での戦闘演習ののち、徒歩で習志野駐屯地に帰隊したり、真冬の海への水上降下など、厳しい訓練に明け暮れた。部隊勤務をしながら夜は国士館大学の二部に通学した。大学では、さまざまな仕事をしながら勉強しているクラスメイトたちとの交流もあって、自衛隊の中の世界だけしか知らなかった私にとって新鮮な刺激になった。そんなことから通学によって広く社会にも目が向くようになり、同じ国民を守る仕事でも、もっと直接人々の役に立つ仕事として警察官への転職を考えるようになった。当時、第1空挺団では警視庁機動隊のレンジャー要員が訓練を受けに来ており、彼らの姿を目にしたのもそのきっかけの一つだった。

第1空挺団当時の戸島氏（左）。いまも空挺団OBの親睦行事に出席し元隊員たちとの旧交が続いている。

自衛官になってから3年目の秋、私は警視庁、千葉県警、神奈川県警の警察官採用試験を受験した。ひと月後、いずれの警察からも合格通知が届き、直属の上司である中隊長に退職を申し出ると、強く慰留されたが私の意志は変わらず、大学も中退して、いちばん給与が高かった警視庁に入ることにした。

警視庁巡査拝命

1963(昭和38)年6月、警視庁に採用された私は、当時、東京都千代田区九段にあった警視庁警察学校に入校(初任科741期)、巡査の辞令を交付された。ここでの「初任科教養」と呼ばれる課程は、警察法や刑法、行政法などの法律、警察活動の実務などに関する座学、また、「術科」と呼ばれる柔道、剣道、逮捕術、拳銃の取り扱いと射撃、職務質問の要領など、警察官に必要な知識、技能を身につけるための基礎で、研修期間は約1年だった。なお、この研修中に検視官の講義などを通じて、事件捜査の第一歩は鑑識活動であることを習ったが、そのときはまだ、自分が鑑識の仕事に人生の大部分を捧げることになるとは思いもしなかった。

初任科学生の日課は朝6時起床、消灯22時、休日を除いて毎日分刻みで息つく暇もないほど忙しく、課業と勉強に追われる日々だったが、自衛隊で最も厳しいといわれる第1空挺団での訓練を経験していた私にとっては、あまり苦にはならなかった。むしろ、卒業が近づき、警察学校中野分校に移ってからの研修中は、卒業後の配属先がどこになるのかが、いちばんの関心事だった。入校時の同期生約60人は卒業時には40人ほどに減っていた。

1964（昭和39）年6月、警察学校を卒業した私は、第一希望に挙げていた大田区の蒲田警察署に配属になった。同署を希望したのは1日も早く仕事を覚え、将来は刑事になりたかったので事件・事故の多い地域での勤務を経験しようと考えたからである。なお、第二希望は新宿署、第三希望は上野署だった。

蒲田署に着任して最初の仕事は、管内の国道15号、いわゆる「第1京浜」の交差点に立っての交通整理だったが、警笛を吹いてもうまく音が出ず、おぼつかない手信号で、かえって渋滞を招いてしまい、さんざんな結果に終わった。その数日後、正式に地域課勤務になり、工場が集まる地域の北糀谷派出所での勤務中に信号無視のトラック運転手に反則切符を切ったのが、新米巡査の私の初検挙であった。その後、繁華街の蒲田駅前派出所などで勤務し、日常業務の道案内、担当地域のパトロールをはじめ、拾得物・遺失物事案の取り扱い、児童の交通安全ための通学路での見守り、夜は飲み屋でのトラブル、泥酔者の保護、喧嘩の仲裁等々、およそ交番勤務の警察官が担当するであろうあらゆる仕事を経験した。

ちょうどこの時期は、東京オリンピック大会が開催された年で、高度経済成長期の真っただ中であり、蒲田の街も活気にあふれ、町工場も朝から晩まで工作機械や作業の騒音が響きわたっていた。しかし、好景気は泥棒にとっても稼ぎ時で、蒲田署管内でも窃盗事件などが多発し、私自身も派出所で勤務に就く日は、休憩時間もとらずに担当区域内をパトロールして、多くの事犯の検挙にかかわった。逮捕したなかには自動車盗犯をはじめ、いわゆる〝金庫破り〟や〝工場荒らし〟の常習犯らもいた。

当時は現在のように防犯カメラもなく、東京のような大都会でも夜の住宅街などの道には街灯も少なく、住宅や事業所の防犯対策はせいぜい施錠を厳重にすることくらいしかなかった時代である。ちなみに、1964（昭和39）年の統計では警視庁管内において発生した各種犯罪のうち、強盗は672件、侵入窃盗は5万1235件が記録されている（令和3年は強盗256件、侵入窃盗2254件）。この頃の東京の街はずいぶん物騒だったことが、この数字からわかる。

指名手配犯の護送

新米巡査の私には、派出所での勤務のほかにも4日に一度、警察署での当直勤務もあり、このときは署の受付番や玄関での立哨、来訪者の応対をするのが常だった。当直勤務のある深夜、立哨中、一組の中年男女が署の前を通りかかり、男と目が合った。「こんな遅くにお帰りですか。

どちらに行かれるのですか？」と声をかけた。

この男女が特に不審だったわけでも、話があるわけではなかったが、男は目つきが鋭く、風体からも一見してふつうの勤め人ではないのがわかった。いっしょにいた女も見るからに〝水商売風〟だった。すると男が道を尋ねてきたので、署内に招き入れて話をすると、男の態度が妙に

警察学校卒業後、自ら希望して蒲田署へ配属。ここから戸島氏の長い警察官人生がスタートした。

〝警察慣れ〟しており、雑談をしながら男の名前や年齢などを聞き出し、警視庁本部に身元照会をした。温かいお茶を出して時間稼ぎをしているうちに、本部から男は青森県警から全国指名手配中の暴力団幹部であることを伝えてきた。

すぐに男の身柄を確保し、当直勤務の捜査員とと

もに事情聴取や指紋採取と本部への照合などの結果、間違いなく指名手配犯であることが確認され、夜が明ける頃に逮捕した。間もなく出勤してきた刑事課長に呼ばれた私は「警視庁では指名手配犯は逮捕した者が手配元に連れて行くことになっている。だから君が今から犯人を青森警察署まで護送しろ」と命じられた。

護送は刑事課のN巡査部長が同行することになり、私は簡単に朝食を済ませると、手配犯の右手首に手錠をはめ、もう一方を私の左手首にはめ、腰には縄をつないで蒲田署を出発した。パトカーで上野駅まで送ってもらい、東北本線の特急列車に乗り込んだ。

十数時間かけて青森駅に到着し、私たちはいちばん最後に列車を降りると、プラットホームでは青森県警の捜査員たちが待っていた。手配犯とつながれた私が近づいていくと、どうしたことか、捜査員が手配犯に向かって「お疲れさまです」と頭を下げたのである。

手配犯は私より体格もよく、服装も私より上等で、おまけに昨夜から一睡もしていないうえ、無精ひげの疲れて顔色もよくない私を見て、青森の捜査員は護送されてきたのは私だと勘違いしたのだった。

青森署に着き、手錠と腰縄を解いて手配犯を引き渡すと、ようやく緊張からも解放された。手首には赤く手錠の跡が残っていた。その夜は青森駅前の旅館で一泊し、帰京することになっていたので、N巡査部長は「せっかく青森まで来たのだから、おいしい物を食べよう」と張り切っていたが、私にはそんな元気は残っていなかった。

鑑識係への異動

地域課での忙しい勤務が2年目に入った頃、署内の配置換えで留置管理課の留置場看守係を命じられた。この仕事は署内の留置場の管理、収容者の監視で、ここで1年ほど勤務した。その後、特に希望したわけでもないのに刑事課鑑識係への異動を命じられた。1967（昭和42）年6月のことであった。

突然の配置換えに鑑識係は何をすればよいのか、専門知識もないままこの仕事が務まるのか、戸惑うばかりであった。鑑識係には、係長のA巡査部長をトップにY巡査長、M巡査の3人の先任者がおり、勤務初日に鑑識係20年のベテラン、Y巡査長から「鑑識係は発生した事件に対し、証拠を中心に捜査を行なう。そのためには科学的知見が求められ、法医学、化学、薬学、物理学などの知識が必要である」と言われ、ますます不安になってしまった。

係長からは「当署の管内は事件・事故が多い、戸島の最初の仕事はいちばんやさしい現場写真の撮影だ。ほかの仕事はお前にはまだ無理だ。事件現場での証拠採取や鑑定書の作成依頼などは今後詳しく教えるからかんばってくれ」と、部屋の出入り口に近い隅の席を与えられた。酒好きのM先輩の「今夜は新人のトンちゃん（当時、私は署内でこう呼ばれていて、これがその後も上司や同僚たちからの呼び名になった）の歓迎会だ」との一声で、初日は飲み会で終えた。

鑑識係への配属から3日目、事件現場出動のお呼びがかかった。M先輩から「はい、トンちゃん、カメラだよ」と渡されたのは、35ミリ一眼レフ、「アサヒペンタックスSP」で、これは当時のカメラの人気機種の一つだった。この前日には鑑識係備品のカメラや撮影機材の操作や取扱いをひと通り習ったものの、いきなりカメラを渡されて「まだ慣れていないので、ちゃんと撮影できるか自信がありません」とも言えないまま、私は現場へ初めて出動することになった。

係長に小さな声で「現場へ向かいます」と言うと、Y先輩が「なんだ戸島、葬式でも行くような声だな」とどやされて、みんなに笑われた。現場に向かう捜査車両の中では、同行のM先輩が現場到着後の注意事項など話してくれたが、ほとんど耳に入らず、震える手でカメラを握りしめ、ただひたすら、現場がどんな状況であろうと、きちんと写真撮影できますようにと神様に祈るような気持ちであった。

じつは、私はこの前年に結婚し、新婚旅行のために初めてカメラを買った。機種は鑑識係の備品と同じアサヒペンタックスSPであった。新婚旅行は九州の別府温泉と日南海岸などを回り、旅先の風景や妻との記念写真をこのカメラで撮影した。

楽しかった旅行から帰ると、さっそく思い出の詰まったフィルムを蒲田駅前のカメラ店に持っていき現像とプリントを依頼した。翌日、仕上がり品を受け取りに行くと、出したフィルム5本のうち4本は何も写っていなかった。透明なネガフィルムを手にして、なぜ写っていないのか、現像に失敗したのではないか、と店員に問いただすと、店員は苦笑しながら、原因はカメラにフィルムが正しく装塡されておらず、フィルムが送り出されていなかったからだと教えてくれた。釈然としないながらも、よく考えてみると撮影できていたのは最初の1本で、それはカメラ店の店員が入れてくれたものだ。2本目からは自分で装塡したのだか、それらがすべて写っていなかった。

思い出の新婚旅行の写真はほとんど撮れていなかった。もちろん撮り直すことができるわけもなく、がっかりして帰宅し、妻へ正直に事情を打ち明けた。妻もがっかりしたようすで、私はとっさに「はるか昔の人たちにはカメラはなかったから、旅の思い出は頭の中に残していた。だから俺たちも昔の人たちのように、楽しい思い出は頭の中に記憶として残そう」と言うと、妻は声を出して笑った。

こんなこともあって、その後、月賦で買ったアサヒペンタックスSPを手にすることもなく、私はカメラや写真撮影がすっかり嫌になってしまっていたのである。

最初の事件現場臨場

こうして私は鑑識係として初めて事件現場に臨場《りんじょう》した。そこは小さな町工場が建ち並ぶ一角で、鉄工所の経営者が自殺した現場であった。先輩捜査員とともに鑑識用機材を手にして現場の工場内へ入ると、鉄骨の梁にロープで首を吊った男性がぶら下がっていた。生まれて初めて目にした光景に、私は震えて立ちすくんでしまった。

M先輩は「おい戸島、なに突っ立っているんだ！お前の仕事だぞ！」と怒鳴られた。私は何をすればよいのかわからず、その場でおろおろするだけだった。すると、M先輩に「カメラをよこせ」と言われ、その剣幕にハッとして思わず手にしていたカメラを渡してしまった。それと同時に自身の職務を放棄してしまったことに気づき、恥ずかしさからうつむいてしまった。

先輩捜査員たちはそれぞれ現場の状況を記録したり、M先輩も慣れたようすで写真撮影を手際よく進めていく。私は任されていた写真撮影をすることもないまま、手持ちぶさたで先輩たちの仕事を後ろから見ていると、「戸島、ぼんやりしているんじゃない！ぶら下がっている仏さんの下に行け」と、また怒鳴られた。言われるままに遺体の下に行くと、ロープを外すから遺体をしっかり支えるように言われた。遺体は顔から唾液や鼻漏を垂れ流しており、下半身の着衣は失禁と脱糞で汚れていた。ロープが解かれると抱きかかえた遺体の重さが一気にのしかかってきた。悪臭と汚れを我慢しながら必死に受け止めようとしたが、その半端ない重さに耐えきれず、遺体を抱えたまま後ろに尻もちをついてしまった。「なんだ、仏さんが怖くて腰がぬけたかー」と先輩たちに笑われてしまった。

気がつくと私の新調間もない背広やズボンは糞尿で汚れ、悪臭を放っていた。捜査車両の後部の貨物スペースに乗せられ帰路につき、鑑識係の初仕事は終わった。こんな体験は生まれて初めてで、こんな現場に毎日のように臨むのだろうかと暗澹たる気持ちになり、鑑識係になる前にこの仕事についてもっとよく調べておくべきだったと本気で後悔した。

「手を血で汚さない」仕事

こうして新米鑑識捜査員の仕事は右も左もわからぬまま始まったが、現場で先輩たちから怒鳴られながら、つらい仕事が続き、食欲もなくなり胃腸薬が手放せなくなっていた。殺人事件や自殺、事故など、いつでもどこでも死体がある現場に呼ばれた。検分が終わった遺体を運んだり、鉄道事故で轢断された遺体の肉片を拾い集めたこともあった。就寝中も悪夢にうなされて自分の叫び声で目を覚ますこともあり、妻はそんな私を心配し、食事をいろいろ工夫してくれたり、家にいる間はいつも笑顔で接してくれたのはありがたかった。

「手を血で汚さない仕事がしたい」。これはその頃の私の切実な思いだった。そのためには写真撮影だ。カメラを手にしていれば遺体を取り扱う仕事をしないですむ。それからというもの、時間があれば写真技術について勉強し、街の写真クラブの講習会にも参加して撮影の基本を学んだ。また、レンズの焦点距離と画角の違い、シャッタースピードと絞りの効果、フィルムの種類と特性、フィルム現像とプリントのテクニック等々、わからないことがあれば先輩たちに教えを乞い、知識と技術の習得に励んだ。1人で現場の撮影ができるまでは、努力を惜しまずがんばろうという一心だった。

そして鑑識係の仕事にも次第に慣れ、捜査活動の実務もだいたいわかってきた。それでも写真撮影はあいかわらず苦手だったが、現場に行くときは新婚旅行の撮影に失敗した私物のアサヒペンタックスSPも携え、練習を兼ねてサブカメラとして使った。そんな私を先輩たちは「トンちゃんは本当にカメラが好きだね」と感心するように言った。

現場で撮影したフィルムは撮影者自身が署内にある鑑識係の暗室で現像し、引き伸ばし機で印画紙にプリントする。私もこれらの処理を１人で何とかこなせるようになったが、それまでには現像液と定着液を取り違え、画像が消えて素抜けのネガフィルムになってしまい、先輩にひどく怒られたこともあった。写真の失敗は取り返しがつかない。暗室の中で死にたい気持ちになったことも何度かあった。

第2次羽田事件

ちょうどこの時期、日本の社会はベトナム戦争の激化にともなう反戦運動の活発化、学校の運営に反発する学生たちによる大学紛争が始まり、それは〝警察血風録〟の時代の幕開けでもあった。そして、私もその渦中を否応なしに体験することになった。

鑑識係勤務が半年ほど経った１９６７（昭和42）年10月、全共闘、新左翼諸派の学生らによる佐藤栄作首相（当時）の南ベトナムを含む東南アジア訪問阻止闘争の騒擾事件《そうじょうじけん》（第１次羽田事件）が起き、さらに翌11月には、佐藤首相の訪米阻止闘争で蒲田署管内の蒲田駅周辺のほか、羽田空港周辺などで騒擾事件（第2次羽田事件）が起こった。

第2次羽田事件のその日、国鉄（現・JR）蒲田駅と京浜蒲田駅（現・京急蒲田駅）に集まった学生らは、デモの隊列を組んで羽田空港に向けて行進を始めた。このため空港へつながる第1京浜や産業道路などの主要道路は大渋滞となり、周辺の交通は完全にマヒしてしまった。

蒲田署では署員の大部分が、このデモの警戒・警備のために出動して管内各所に配置された。私たち刑事課の若手署員の任務はデモ隊の動向監視で、2人一組になってその動きを逐次、署内に設けられた警備本部へ報告することだった。当時はもちろん携帯電話もなく無線機も使えないため、通報の手段は公衆電話だった。

私は先輩のS巡査部長とともに、学生らと同じような格好の私服姿で、ポケットには公衆電話用の10円硬貨をたくさん入れ、デモ隊のあとについていった。私は愛用のアサヒペンタックスSPを首から提げ、デモ隊のようすを撮影しながら、身分がばれないように学生らとともにシュプレヒコールを上げながら歩いた。

羽田空港近くの大鳥居駅まで来ると、機動隊が空港への進入路を封鎖していた。デモ隊はこの封鎖を突破するため、丸太を抱えて機動隊に突入し、さらに線路砕石や歩道から剥がした敷石を砕いて投石するなど大きな衝突となった。機動隊は放水や催涙ガス弾を用いて鎮圧にあたり、現場は大混乱に陥った。

私とS巡査部長は大混乱のなかで、機動隊側にいるとデモ隊の投石を受け、機動隊からはデモ参加者と間違われて、追い回され足蹴にされた。身分を明かすこともできず、どちらからも攻撃されない物陰に隠れるので精いっぱいだった。

デモ学生からの〝逃走劇〟

夕方近くまでデモ隊と機動隊の攻防が続いたが、学生らは次第に機動隊に圧迫されて後退し、私たちもデモ隊とともに蒲田駅まで移動してきた。時計を見ると午後6時を回っており、1日中、食事もせずに腹ペコだったが、何とかここまで大きなけがもなく任務を果たした。

駅前では疲れ切った学生らがヘルメットを取り、汗を拭いたり、たばこを吸ったりしながら、ひと休みしていた。このようすを見ながら、S巡査部長が公衆電話からデモ隊の動きを本部に報告していると、近くにいた数人の学生が近づいてきた。

私は不穏な雰囲気を感じて、公衆電話ボックスにいたS巡査部長の手を掴んで急いでその場を離れた。すると学生らが後を追ってくる。蒲田駅前商店街から大田区産業会館のほうに出れば、蒲田署は目の前だが、学生らまくために勝手知ったる裏道を走った。

小太りのS巡査部長は息が上がって苦しそうだったが、先輩を置いて逃げられない。「早く、早く！」と急きたてるが、学生らは執拗に追いかけてくる。「もうだめだ、これ以上は無理だ」と思った私は、とっさに脇の民家の庭先に飛び込んだ。その途端、家人の女性が出てきて、「あなたたちは何ですか！」とびっくりして声を上げた。私は息も絶え絶えに「蒲田署の者です」とズボンのポケットから取り出した警察手帳を見せるのが精いっぱいだった。

ここで学生らに見つかれば2人ともただではすまないだろう、彼らから袋叩きに遭うのを覚悟した。すると、その奥さんが私たち2人を縁側から室内へ押し込んだ。土足のまま奥の居間に連れて行くと、押し入れの襖を開けて中に入れと言った。中に入った私たちは押し入れの天井板を持ち上げ、屋根裏によじ登った。

暗い屋根裏の梁に手を突いたまま流れ落ちる汗を拭く余裕もなく、息を殺していると下からガラスの割れる音とともに、男らの怒声が聞こえてきた。追ってきた学生らが逃げ込んだ2人を出せと奥さんに詰め寄っている。奥さんは「もうここにはいない、2人は庭から裏に回って外に出て走り去った」と説明していたが、一向に騒ぎが収まるようすはない。何の関係もない市民を騒動に巻き込んでしまったことに申し訳ない気持ちで、何とか彼らが引き揚げてくれるように祈った。ところが、さらに学生らが集まってきたのか、怒声が一段と大きくなった。「いよいよもうだめか」と諦めかけていると、やがて外が静かになった。しばらくすると下の居間から「もう大丈夫ですよ」と優しい声がした。

屋根裏から降りると、奥さんはお茶を入れながら、「あなたたちが血相を変えて飛び込んできたので、はじめは刑事さんとは思いませんでした。てっきり〝ゲバ学生〟たちが仲間内で喧嘩でもしたのかと思いましたよ」と言った。そして、騒ぎが収まったのは、デモ隊から街を守るために、数日前からシャッターをすべて下ろしていた商店街を町内会のメンバーが自主的にパトロールをしており、この騒ぎを聞きつけたメンバー20人ほどが集まってくれたので、学生らは引き揚げていったと聞かされた。玄関のガラス戸は割れたままで、学生らの狼藉の後が生々しく残っていた。

私たちはあらためてお礼を述べると、奥さんは笑顔で「うちの主人も皆さんと同じ仕事で、この数日自宅には戻っていませんよ」と言うのでびっくりして尋ねると、ご主人は警視庁本部の警備部の役職者とのことだった。翌日に私たちはあらためてお礼に伺い、その数日後には蒲田署の幹部数人も挨拶に出向いた。

紛失したカメラの末路

日付が変わった深夜、投石に使われた石ころや割れたビンなどが散乱し、催涙ガスの臭いが立ちこめる街を疲れ切った足取りでようやく蒲田署に戻ると、玄関で立哨していた交通課のK巡査長が驚いた声で「お、お前たち生きていたか！全署員が心配して街の中や病院などを探し回っていたところだ」と安堵の表情を浮かべた。すぐさま警察無線で「行方不明の署員2名は蒲田署に帰着、ただいまの時間をもって捜索要請を解除。以上、蒲田から警視庁へ」「警視庁、了解」。張りのある声で深夜の交信が流れた。

後から聞いたところ、私たちがデモ隊に追われているのをほかの私服警察官数人が目撃しており、それは警視庁にも通報されていた。目撃した警察官は「あの状況では、ただではすまないだろうな」と心配したという。実際、この日の騒擾事件では警察官800人以上が負傷した。蒲田署でも数人の負傷者が出たほか、素性がばれてデモ学生に〝ゲバ棒〟で殴られたり、命からがら逃げ出して青物市場のごみ箱の中に隠れて助かった者もいた。重傷者のなかには一時は意識不明で救急搬送された者や、その後、何年も入院を余儀なくされた者もいた。

この日の出来事には、もう一つ後日談がある。デモ学生たちから必死になって逃げているうちに、デモ隊のようすを撮影した大切な私物のアサヒペンタックスＳＰを失くしてしまった。数日後、カメラが落とし物として駅前の派出所に届いているという知らせがあった。拾得された場所や機種から私のものだと喜んで連絡すると、派出所勤務の巡査は「先輩、もうこのカメラはダメですよ。カメラと言うより、カメラの残骸です」とつれない。

私は「それでもいい。俺の大事なカメラだ。まだ月賦も数回残っているので、署へ戻ってくるとき持ってきてくれ」と依頼した。翌日、届いたカメラのボディはでこぼこで、レンズもなくなっている。中に残っていたフィルムもバラバラにちぎれていた。その変わり果てた姿に涙が出そうになった。もはや修理は不能で、ただの金属の塊だった。結婚したときに奮発して買って、ようやく使いこなせるようになったのに、不運な最期になってしまった。

〈インタビュー1〉

所轄署勤務時代に学んだ〝人間観察〟

――蒲田警察署勤務当時から多くの犯人検挙に関わり、38年間の在職中、警視総監賞をはじめ百回以上も表彰される実績を挙げられたのは、何か秘訣があったのでしょうか?

(戸島) 直接、犯人を逮捕したことが多かったのは、派出所勤務時代です。秘訣というわけではありませんが、パトロール中などの職務質問が多くの検挙につながりました。あえて言えば、人やその行動を注意深く観察することで、何かおかしい、どうも変だ、と違和感を感得する〝勘〟が働くのです。

〝人間観察〟という点では、派出所勤務の次に就いた留置場の看守係勤務でも多くを学びました。看守係は取り調べにあたる刑事以外では容疑者と最も長く接するので、鉄格子越しに雑談を交わすこともあり、拘留中のいろいろな容疑者らに接していると、だんだん一目見ただけでそれがどんな人間なのか、わかるようになってくるものです。犯罪者もすべてが悪人ではないというのもわかってきます。

留置場の居室では、前科何犯というような逮捕歴が多い者がいると、それがいわば〝牢名主〟として鉄格子に近いいちばん前に陣取っていて、新しく入って来た者はいちばん奥が定位置になります。しかし、夜の就寝時にはこれが入れ替わって、新入りが鉄格子の近くで寝るという、留置場内の〝ローカル・ルール〟があるのも知りました。

当直で夜間、勤務していると、刑事の厳しい取り調べにも頑として口を割らない容疑者が、夜中に寝言を発することもあり、ときには、それをメモして担当する刑事に伝えます。それが人の名前だったりすると、翌日の取り調べでそれをもとに刑事が尋ねるので、容疑者は「なぜ知っているのだろう?」と不思議に思ったはずです。どんなに口が堅くても寝言までは抑えられません。

また、拘留期間が長い容疑者の散髪をしてやったこともありました。ハサミ一つですから〝トラ刈り〟ですが、容疑者は「サッパリした」と喜んでいました。容疑者は起訴されると拘置所に移され、裁判で刑が確定すると刑務所に収監されるのですが、その後、ときどき「いろいろとお世話になりました」と礼状が蒲田署宛てに私のもとへ届いたこともありました。当時は、刑事になりたかったので、犯罪者の性格や心理を知るのにたいへんよい経験になりました。

第2章　警視庁刑事部鑑識課写真係

警視庁への異動

　１９６０年代も終わりに近づくにつれ、学生運動はますます激しくなり、また、東京・府中市で、いわゆる「三億円強奪事件」が発生するなど、世の中は騒然とした雰囲気に包まれていた。

私は蒲田署で鑑識係の勤務を続けていたが、１９６９年1月の「東大紛争・安田講堂事件」では警備の応援に出動したこともあった。

　警察官の勤務は通常、2～3年程度で人事異動があり、本部やほかの警察署、部署への配置換えになるが、私もちょうどその時期が来ていた。蒲田署の警務課（人事・厚生、庶務などを担当）の上司や警視庁本部の人事担当者から、陸上自衛隊の空挺部隊出身で体格もよく、柔道有段者（当時は三段）であるので、私の次の配置は機動隊に推薦したいと打診があった。しかし、私は「ようやく慣れてきた鑑識の仕事を続けたい」と希望を伝えた。

１９７０（昭和45）年秋「10月15日付で警視庁刑事部鑑識課勤務を命ずる」との発令があった。いきなりの発令で上司に理由を尋ねたが、わからないという。

警視庁の鑑識課員は、警視総監が定めた鑑識技能検定上級の有資格者ばかりの鑑識技術のプロ中のプロたちである。所轄署の鑑識係よりもさらに高度な知識と技術を駆使して、警視庁本部が捜査に関与する重大事件・事故現場で任務を遂行する、きわめて厳しい職場だと聞いている。

当日、異動の辞令を手に警視庁本部に登庁した。警務部人事課で着任の申告手続きを終え、指示された鑑識課の部屋に行くと、張りつめた空気に足がすくんでしまった。課長のＯ警視正が「きみが戸島君か、話はいろいろ聞いている」と言って、先輩の課員たちを紹介してくれた。皆眼光鋭く、いかにも百戦錬磨といった風情の者ばかりだ。今まで見たこともないカメラや機材がたくさんあり、これまでとは別世界に来たようで、ここで務まるのか心配になってしまった。

いきなりプロ集団の一員になった私は、自分に何ができるか不安でいっぱいだったが、鑑識課員としてやっていけるかどうかは自分の気持ち次第だと心に言い聞かせた。こうして28歳の私の新しい〝鑑識人生〟が始まった。

鑑識課写真係〝一年生〟

警視庁本部の鑑識課での仕事も写真係を命じられた。写真係主任のM警部補が「おい戸島、これはお前がこれから使うカメラだ。新しくはないが、なかなかよく撮れるぞ」と言いながら、大型のカメラを手渡された。それは東京光学が1958年に鑑識用として警察に納入した「トプコンホースマン・プレス104」で、蛇腹式のレンズボードには焦点距離10・5センチのレンズ、ボディには距離計が付いており、重さ約2・5キログラムの6×9判の中判シートフィルムを使用するカメラだった。「120（ブローニー）フィルム」と呼ばれるロールフィルムもフィルムパックを装着すれば使えるが、鑑識課では使用していなかった。シートフィルムのほうが、現像作業が容易だったのと、事案ごとに資料を紙封筒で保管する際にかさばらずに便利だったからだ。

今ではデジタルカメラやスマートフォンで、きれいな写真や動画が簡単に撮影できるが、当時の大型カメラでの撮影はかなりの技術が必要だった。

戸島氏愛用のトプコンホースマン・プレス104。カメラとレンズ一式。
戦後の大事件の多くをこのカメラで撮影した。

トプコンホースマンはレンズが付いた蛇腹を縮め、前蓋を閉じた状態で持ち運び、撮影時には前蓋を開けて蛇腹とレンズを引き出し、距離計と連動するビューファインダーでピントを合わせ、レンズに付いているシャッターをセットし、フィルムホルダーを装着して遮光用の引き蓋を抜くといった一連の手順を一つでも抜かすと、撮影できなかったり、フィルムには何も写っていなかったということになる。だから、操作には相当の習熟と細心の注意が必要だった。

鑑識課で勤務に就いて1か月ほど経った11月25日、新宿区の陸上自衛隊市ヶ谷駐屯地で「三島由紀夫割腹事件」が起こった。私も現場に臨場し検証作業などを手伝った。事件現場の東部方面総監室の絨毯は血で染まり、そこで先輩たちが混乱する現場で現状保存に注意を払いながら撮影していた姿を今も鮮明に覚えている。

どんな現場検証でも事件が起きたその場所や室内だけでなく、必ずその周辺がわかる全景写真も撮影することになっている。この市ヶ谷駐屯地のような大きな施設の場合、本来ならば警視庁航空隊のヘリコプターに同乗して航空撮影をするのだが、この日はその調整がつかず、地上の高い場所から撮影するしかなかった。そこで鑑識課では新入りの私がこの撮影を任された。

事件現場の市ヶ谷駐屯地1号館の背後には高さ約100メートルの通信用鉄塔があり、この上から撮影するために先輩課員と2人で昇ることにした。中間の高さにある展望デッキまではエレベーターで行けるが、その先の最上部までは階段と梯子しかない。吹きさらしの梯子を見上げた先輩は「ここから先は戸島に頼む」と言った。先輩は高所が苦手なのかは聞かなかったが、やむなく1人で梯子に取り付き、十数分かかって最上部にたどり着いた。そこからは都心部が一望でき、1号館はほぼ真下にあり、思ったとおりの全景を撮影することができた。

このあと、写真撮影や検証作業が終わった現場に行くと、床に置かれていた三島氏の頭を運び出すよう命じられた。これまでに事故などの現場で損傷が激しい遺体を見たことはあったが、斬首された頭部を見るのは初めてだった。人間の頭部の重さはおよそ体重の10パーセント程度だとされている。三島氏は大柄ではなかったが、ゴム手袋を着けた両手でそれを持ち上げると、おそらく5～6キログラムはあると思われ、ずっしりと重く、しかもヌルヌルと不自然に濡れており、滑って床に落としそうになった。濡れていたのは脂汗のためで、おそらく割腹から介錯で首を打たれるまでのいまわの際の苦悶で噴き出したものだったのだろう。

派出所襲撃事件臨場

狭い場所や暗いところ、夜間や悪天候、どんな状況でも撮影できる警視庁鑑識課写真係のテクニックは神業に近いものがあった。当時、すべての現場写真はトプコンホースマンで撮影しており、操作も複雑な大型カメラを駆使して、あらゆる現場に臨む写真係は凄腕のカメラマン集団だった。

怖い先輩たちから写真撮影のテクニックを徹底的に叩き込まれ、ようやく一人前の写真係として事件現場へ臨場する日がやって来た。それは、忘れもしない1970（昭和45）年12月18日だった。

その日、昼間は何事もなく、静かに夜を迎えた。当直勤務にあたっていた私は事件がなければ、鑑識課の事務室で待機だ。当直は2人一組で二組が待機する。

日付もあらたまった午前1時過ぎ、通信指令室から事件の一報が入った。板橋区の志村警察署管内の上赤塚派出所で勤務中の警察官が何者かによって襲撃されたとのことだった（事件は過激派学生3人が警察官の拳銃奪取を目的に襲撃したもので、その場で警察官の拳銃で撃たれた犯人は1人が死亡、2人が重傷で逮捕された）。

私とM先輩は鑑識資機材を収めたアルミ製のケースを手に部屋を飛び出した。庁舎中庭に現場検証係、指紋・足跡採取係、写真係が揃うと、2台の車両に乗り込み、赤色警光灯を回し、深夜の街にサイレンを響かせて事件現場に急行した。

約30分あまりで現場に到着すると、周辺は深夜にもかかわらず規制線の外側は多くの野次馬と報道関係者でごった返し、現場の派出所の周りでは多くの捜査員たちが慌ただしく動き回っていた。私は事件の状況を簡単に聞くと、カメラを取り出し撮影準備を始めた。

鑑識課写真係として、これまで学んだことの成果を見せるときだ。失敗はできない。心の中で「落ち着け、焦るなよ」と何度も自分に言い聞かせながら、カメラを三脚に固定し、照明機材をセットしていると、後ろで撮影が終わるのを待っている捜査課や公安部の捜査員たちが「おーい、戸島、何している！早く撮影しろ！」と急き立てる。

〝刑事もの〟のテレビドラマなどを見ていると、事件現場で捜査員がいるなか、鑑識課員が指紋

愛用のトプコンホースマンを両手にかかえ現場に一番乗りする戸島氏。

を採取したり、写真撮影をしているシーンがよくあるが、あれは嘘だ。捜査活動の第一歩は「現場保存」が鉄則で鑑識活動が終わってからでなければ、誰も現場に立ち入ることはできない。

私にとって今日が1人で撮影を担当する最初の現場であり、「誰が何と言おうと鑑識課のカメラマンは俺だけだ。どんなに急かされても確実に撮ることに集中しよう」と心に決め、深夜の冷たい北風が吹きつけるなか、私だけ緊張で額から汗を滴らせながら撮影にとりかかった。

精いっぱいの大声で「これから撮影します！関係者以外は後ろに下がってくださ い！」叫ぶと、捜査課の指揮官が「戸島、ここには関係者しかいないぞ！バカ野郎、早くしろ！」と怒鳴り返す。カメラのポジションを変えながら、手袋を外した、かじかむ手でシャッターのレリーズを押し続け、6×9判モノクロフィルムで60カットあまりを撮影した。

現場検証は昼過ぎまで十数時間も続いた。警視庁本部に戻ると、部屋の先輩や同僚から初めて現場に出た感想を聞かれたが、それより撮影した写真の結果が心配で、一目散に奥の暗室に入り、急いでフィルム現像にとりかかった。現像処理の時間は30分ほどだが、とても長く感じられた。焦る気持ちを抑えながら、すべてのフィルムを定着液に移し、そのうちの1枚を指で摘まんでセーフライトに透かして見ると、鮮明に現場の画像が現れていた。

失敗は1枚もなく、すべてきちんと撮れており、ほっとして大きく息を吐いた。独力で無事に任務を達成した喜びで疲れも吹き飛んだ。

「似顔絵捜査」のきっかけ

この「上赤塚派出所襲撃事件」以来、警視庁を退官するまでの31年間、私は刑事部鑑識課写真係として、殺人、強盗、誘拐、爆弾事件、火災や事故の現場に出動し、昭和から平成の日本社会を震撼させた大事件、大事故の捜査も数多く手がけた。それらは巻末に付した「著者経歴」を参照されたいが、それらについての体験や思い出はこれまでの拙著3冊に記した。

私は現場への臨場では、もっぱら写真の担当だったが、もう一つ警察官として大きな実績を残すことができた仕事がある。それは「似顔絵」の捜査への活用である。

１９７５（昭和50）年12月、日本犯罪史上に残る「三億円強奪事件（１９６８年12月発生）」が未解決のまま時効を迎えた頃、当時、捜査一課長のS警視正に呼ばれた。何の用件だろうと課長のもとに行くと、「戸島君、絵が好きだろう。これから似顔絵を勉強してみないか」といきなり言われた。

課長によれば、「三億円強奪事件の捜査では、犯人の顔として作成されたモンタージュ写真が見た者に強い印象を刷り込み、それがかえって捜査を振り回す結果になった」という反省の意見もあり、「リアルすぎるモンタージュ写真よりも似顔絵のほうが人の特徴や風貌を再現するのに役立つのではないか」と考えているということだった。

そこで、私が似顔絵を捜査手法の一つにするため「週に数時間程度、刑事部の早稲田分室に行って絵の特訓を受けてくれ」と指名されたのだった。さらに話を聞くと、課長の奥様の妹が美術大学の教授をしており、この講習の講師を引き受けてくれるということだった。そこまで話が決まっているのでは、断わるわけにはいかなかった。私も以前から似顔絵が捜査に役立つと考えていたので、この特訓を受けることにした。

自信はなかったが絵の勉強には興味があったので、内心、楽しみに講習に通い始めたのだが、実際に習ったのは木炭を使った石膏像のデッサンや、静物のスケッチなど絵画を学ぶ学生と同じような基礎練習ばかりだった。

人から話を聞きながら、それをもとに頭の中で輪郭や容貌などを想像し、それを再現していく似顔絵の勉強にはまったくならなかった。講習には数か月通ったが、ついに似顔絵を描くことは一度もなかった。

それから数年経った1981（昭和56）年の春、所用で上野に出かけた私は、上野公園入り口の石段で、数人の似顔絵師が通行人の子供や若者を相手に似顔絵を描いているのが目に入った。それはありふれた光景で、これまでは気にも留めずに通り過ぎていたが、この日はなぜか吸い寄せられるかのように似顔絵師の前で足が止まった。

彼らが素早く鉛筆を走らせて似顔絵を仕上げていく腕前は見事で、しばらくそのようすに見とれた。そして一つの考えが閃いた。彼らから似顔絵を教えてもらうのだ。

それからは、休日や非番日には時間があれば上野公園に通うようになった。気に入った画風の

30年ぶりに上野公園の石段を訪ねると当時世話になった似顔絵師が健在だった（2011年冬）

似顔絵師がいると、そっと背後から描いていくようすを見つめ、その技を盗もうとした。ある日、1人の似顔絵師が業を煮やしたのか、怒った声で「おい、お前。いつも俺たちの後ろに立っているけど、後ろから見られているとやりにくいんだよ。じゃまだからどっか行ってくれ！」どやされた。

「すいません、俺も似顔絵が大好きで、ここで絵の勉強をしたいのです。そうだ、俺の顔を1枚描いてくれませんか」そう私が言うと、「お前みたいな金もなさそうな奴を描いてもしょうがない。仕事がなくて俺たちみたいな仕事がしたいのか？でも、それは無理だな。もう来るんじゃねー！」とけんもほろろに怒鳴られた。

私は身分やここへ来る目的を明かすことができなかったので、彼らは私を失業中でぶらぶらしている男だと思い込んでいた。その後も諦めずに上野公園に通い続けた。似顔絵師たちから相変わらず邪険にされながらも、差し入れにカップ酒などをぶら提げて通っているうちに彼らの態度も少しずつ軟化し、文句を言われなくなった。

こうして1年ほど経った頃には、仕事を終えた彼らと公園の一角でカップ酒を酌み交わすようになり、その席で雑談をしながら、絵の描き方のポイントなど技術的な話から彼らの身の上話まで聞ける間柄になった。その後、ちょっとした出来事から私の素性がばれてしまい、「似顔絵を捜査に活かしたいと思い、その勉強のためここに通っていた」と、私は事情を打ち明けた。

似顔絵師たちは「仕事がない〝かわいそうなオッサン〟だと思っていた」と、とても驚きながら「似顔絵を勉強したいと言っていたが、ここで下手な絵を描かれては俺たち似顔絵描きの看板に傷がつくから、じつは困っていたんだぜ」と呆れた顔で言われた（このあたりの経緯や出来事は拙著『警視庁似顔絵捜査官001号』をご一読いただきたい）。

それからも1年ちかく、時間があれば上野公園に通い、似顔絵師たちから肖像画の描き方をいろいろ学んだが、私が目的とする捜査資料としての似顔絵は、彼らの仕事とは本質的に大きく異なる点があった。似顔絵師たちはモデルを前にしてそれを描くが、捜査のための似顔絵は目撃者の記憶だけを頼りに描かなければならないのだ。

「似顔絵捜査」の実用化

私が作成した似顔絵が実際に捜査で活用され、初めて犯人検挙につながったのは、1985（昭和60）年、捜査第3課盗犯係からの依頼で、ある窃盗事件の容疑者の顔を銀行の防犯カメラに写っていた不鮮明な画像から似顔絵にしたときだった。

その画像は容疑者がATM（現金自動預け払い機）の前でお金を数えている姿で、顔は下を向いていたが、時間をかけて正面から見た顔を推測して絵を仕上げた。これをもとに手配・捜査したところ、すぐにその犯人が逮捕されたのである。その後も同じように防犯カメラの映像を基にした似顔絵や、身元不明遺体の生前の顔を再現した似顔絵などを次々に依頼された。

鑑識課での私の本来の担当は写真係で、さまざまな現場に出動して撮影をこなしていたが、似顔絵を有力な捜査手法として、もっと認識してもらいたいと強く思うようになっていた。

そこで出動した現場でも写真撮影が終わり、少しでも時間があれば、事件の被害者や目撃者から犯人の人相を聞き出し、似顔絵を描くようにした。窃盗、強盗、ひったくり、暴行など、どんな事件の現場でも、たとえ数分でも時間があれば積極的にその場で犯人の似顔絵を描き、捜査員に手渡した。はじめは似顔絵に関心を示すどころか、捜査のじゃまになると文句を言われたこともあった。

それでも私は、いつか「似顔絵捜査」が陽の目を見るときがくると信じて、時間の許すかぎり、無駄になるとわかっていても、ひたすら似顔絵を独学で描き続けた。暇さえあれば、スケッチブックに数時間前に見た人や職場などの人の顔を思い出しながら描いたり、政治家、俳優、歌手などの顔を記憶だけを頼りに描く練習もした。

私が考えていた似顔絵の捜査への有効性が認められるきっかけとなったのは、1986（昭和61）年12月、深夜のコンビニを狙った連続強盗事件の捜査であった。われわれ鑑識課もコンビニ強盗が発生するたびに現場に臨場した。事件が起きていた都内西部地域の各警察署では警戒を強化していたが、なかなか犯人を検挙できなかった。

私はそれぞれの現場で、被害に遭った店舗の店員や目撃者などから聴取して、犯人の似顔絵を作成し、それを複写したプリントを用意した。これをいっしょに臨場した機動捜査隊の捜査員に「何かの参考になるかもしれない」と手渡していた。すると、別の場所で起きたコンビニ強盗事件に臨場した捜査員が現場付近で似顔絵によく似た者を見つけ、職務質問し追及したところ犯行

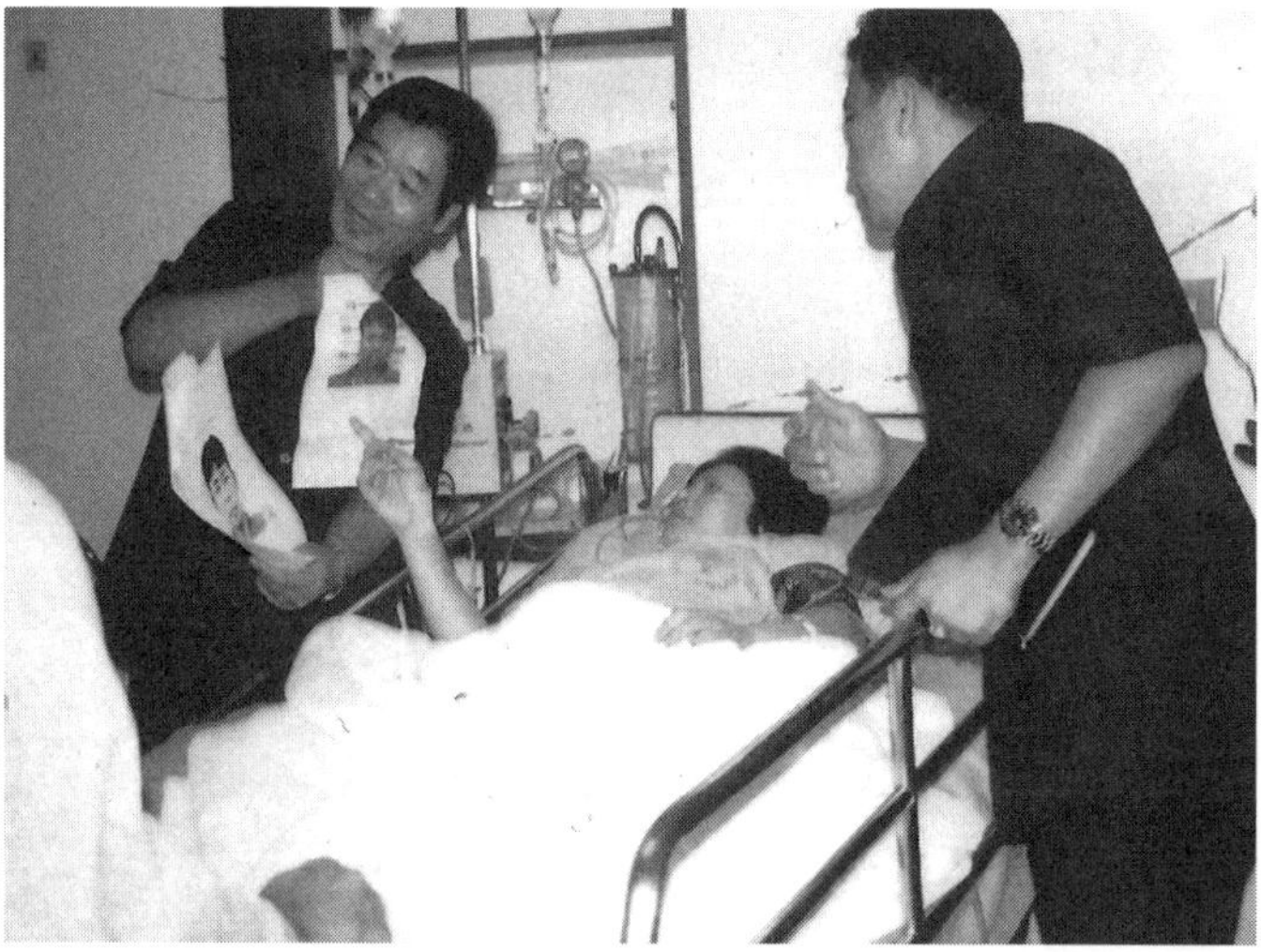

タイでも入院中の被害者の女性から聞き取りして似顔絵を作成し、早期の犯人逮捕に貢献した。

を認め、その場で逮捕したとの連絡を受けたのである。

機動捜査隊の班長から「似顔絵に本当によく似ていた、そっくりだった」と聞かされ、私はすぐにでも犯人の顔を見たかった。心の中では「似ていてくれてありがとう」と、礼の一つも言いたい気分だった。

この犯人逮捕以降、似顔絵が次第に有力な捜査手法として認められるようになり、さまざまな事件の解決につながることも増えていった。私が鑑識課在職中に作成した捜査用の似顔絵は千枚以上に及び、当時、その似顔絵のうち60パーセント近くが犯人検挙につながった。

私が当初、試行錯誤しながら始めた「似顔絵捜査」は現在では広く普及している。全国の警察には「似顔絵捜査員」と、その指定のための「似顔絵技能検定」の制度が設けられ、若手警察官などを対象に似顔絵を描く技術を教える講習会や、画力を競う大会なども開催されている。私も２０００（平成12）年に警視庁の「似顔絵捜査員００１号」に任命され、その証書を刑事部長から交付された。

なお、余談ながら、私のこの「似顔絵捜査」や鑑識活動などにまつわるエピソードは、テレビドラマ化され、『似顔絵捜査官００１号』のタイトルで２０１２（平成12）年にＮＨＫ・ＢＳプレミアムで放映された。また、２０２０（令和２）年には、同じくＮＨＫテレビの番組、『逆転人生』で「鑑識捜査官の熱き生きざま」として紹介され、これには私自身も出演して当時の体験などを話す機会を得た。

〈インタビュー2〉

裁判の行方にも影響を及ぼす〝現場鑑識〟

――テレビニュースなどで、紺色のユニホーム姿の鑑識捜査員が事件現場の写真撮影や証拠採取などをしているようすをよく見ます。鑑識活動の実際とはどのようなものなのでしょうか？

（戸島）鑑識チームは「現場検証係」「指紋・足跡（足痕《そっこん》ともいう）採取係」「写真係」が臨場します。到着した現場では、すでに所轄署の警察官が立ち入り規制線を設けて待っており、鑑識チームのなかで、いちばん最初に現場に足を踏み入れるのは写真係です。殺人事件などでは、遺体や周囲の物に誰も手を触れていない状態でその状況を撮影します。

写真係だけが1人、事件が起きた室内に入り、ドアを閉められ撮影が終わるまで外に出られません。事件発生から時間が経っていたり、季節によっては、遺体が腐乱して強烈な異臭を放っていることもありますが、撮影を終えるまでは出るわけにはいきません。時には、ドアの前にほかの係の者が立ち塞がっていて「出してくれ」と叫んでも「終わったのか？」と言うばかりで、なかなかドアを開けてくれないこともありました。

　写真撮影が終わって、ようやくほかの係や捜査員が現場に入り、遺留品や証拠品の採取、計測や記録なとの検証作業に着手します。もしも写真撮影の前に、遺体や証拠品などを動かしてしまうと、現場検証で明らかになった事柄の信用性や証拠能力を損なってしまい、事件を立件できなくなってしまうことすらあるからです。したがって、現場写真は事後の裁判でもきわめて重要な資料になります。

　あるとき、現場検証中に警視庁本部の管理官がやって来て、事件現場の住宅の玄関にあったスリッパを勝手に履いて、作業中の私たちの背後にあったソファーにドカッと腰を下ろし、「どんな具合だー」と声をかけてきました。検証はまだ続いており、私は「まだ入って来ちゃだめだ！」大声で一喝しました。スリッパやソファーにも事件の痕跡や証拠が残されているかもしれません。どんなに偉い人でも現場保存の妨げになることは許されません。翌日、管理官は私のもとへ「昨日はすまなかった」と神妙な顔をして謝りに来ました。

　誰も手を付けていない状態の現場を撮影すると、次に写真係と現場検証係が、遺留品や証拠品などを一つひとつ確認しながら、数字などの標識を置いていきます。標識には

「A、B、C」やカタカナの「イ、ロ、ハ」を表示したものもあり、これらの標識は証拠品などのあった位置や状態、犯人や被害者の動きを時系列で示したり、作成した現場の見取り図と対照するためなどに用います。そして、続けてこの標識を置いた写真を撮影し、最後に周囲の高い場所、あるいは室内などでは脚立に上って、現場全体が一つに収まる俯瞰写真を撮ります。検証作業は数時間で終わることもあれば、何日もかかることもあります。

現場ではたいてい捜査の指揮官などが、われわれ鑑識捜査員に意見や所感を求めてきます。たとえば、ある事象について「これはどういうことだと思う?」と聞かれると、それを鑑識の専門的な知見に基づいて説明します。場数を多く踏んでいると、犯人の立場になって考え、「こうした理由から、このように犯行に及んだのだろう」というようなことが見えてくることがあります。でも、ここでいい加減なことを言うと捜査を誤った方向へもっていきかねないので、わからないことは正直に「いや、ちょっと待ってください。もっとよく検証したうえで報告します」と答えました。現場をありのままに記録し、予断や先入観を排除して報告するのが、鑑識の役割だからです。

写真係にはもう一つ、重要な役目があります。事件が立件、犯人が起訴され、裁判が始まると、鑑識捜査員が法廷に呼ばれることがあるのです。たとえば、被告が犯行時、所持していた物を「ここに置いた」と供述しているのに、一方で起訴状や調書にそれと食い違う点があったりすると、その基になった鑑識捜査の結果について説明するため、最初に事

タイ国家警察庁警察大佐の戸島氏。タイ警察の警察手帳は常に携帯している。現在、警視庁警察学校非常勤講師として若い警察官たちに現場鑑識の実技指導にもあたる。

件現場に入った写真係が証人や参考人として法廷に呼ばれるのです。

被告の弁護人は、こちらが述べたことのちょっとした相違点や矛盾を問いただし、証言や記憶に少しでも曖昧なところがあると、「あなたの話は信用できない」と言って動揺させ、さらに「故意に事実を曲げたり、伏せているのではないか？」と追及してきます。そのため、何度も出廷させられることになります。弁護士は被告の無罪や軽い量刑を勝ち取るのが仕事とはいえ、ときには、こちらの揚げ足を取るような質問をしてくることもあります。だから法廷で証言するのは、かなりの緊張やプレッシャーが加わるものです。裁判所から帰ってきた若手の鑑識課員が元気のないようすだったので、聞いてみると「弁護士からしつこく質問されたあげく、自分自身を全否定されたような気持ちです」と肩を落としていたこともありました。

せっかく証拠や事実を積み上げて立件しても、法廷での誤った証言や発言によって、判決が無罪になったりしたら元も子もありません。出廷することになったら、その事件に関する記録や書類にはすべて目を通しておきます。

かつて、私が弁護人質問で出廷したとき、現場写真の記録としての妥当性を問われたことがありました。本書のなかでも紹介しましたが、その当時、鑑識の写真は何枚撮りというようなロールフィルムではなく、1カットずつのシートフィルムで撮影していました。それを知らない弁護士が「なぜこれしか写真がないのか、撮影したフィルムを隠しているのではないですか？　なぜフィルムを切り離したのですか？」と質問してきました。私はシートフィルムを使用していることや、現場写真を資料として作成するプロセスなどを説明し、「あなたは写真の知識がまったくないですね。質問するならもっと勉強したほうがいいですよ」と言ったところ、弁護士は「勉強しろとは何事だ。失礼なことを言うな」と怒りだし、口論になってしまいました。失笑でざわつく法廷で裁判官が机をトントンと叩いて、「裁判とは関係のない言い争いはやめてください」と注意されてしまいました。

現場写真は撮り方ひとつでも、その証拠能力をまったく失ってしまうこともあり、それだけ写真係の責任は重いのです。たとえば、裁判のため作成されたに記録や資料に「現場検証は何時何分から開始された」というが記載があったとします。しかし、現場写真のなかに室内の時計が写り込んでいて、それが指す時刻と資料に記載の時刻と違っていたら、弁護人から「この写真は別の日に撮影したのではないか」と追及される材料になってしまいます。だから、私は若手の部下たちには、「現場の撮影では時計に気を付けろ」と教えていました。

第3章　タイ警察への派遣

妻の他界

結婚以来、家のことは妻に任せっきりだった。警視庁刑事部鑑識課に勤務してからも、私が家庭や2人の息子たちを心配することもなく仕事に邁進できたのは、妻のおかげであった。

そんな私を支え続けてくれていた妻が1994（平成6）年2月、急に体調を崩し、自身が看護師長を務めていた病院に入院した。それから1か月ほど経った3月下旬のある日、私は息子2人とともに面会に行くと、妻は「よく来たわね」と元気そうに笑顔を見せた。それから帰宅後、病院から容体急変の知らせがあり、私はすぐに病院に駆けつけたが、その夜遅く、妻は息を引きとった。享年53。病は白血病だった。

最愛の妻を亡くし、息子たちはすでに成人し航空自衛官として勤務しており、千葉県内の自宅に帰っても私1人だけの生活が始まった。1人でいると気持ちは沈みがちだったが、鑑識課での仕事は相変わらず多忙を極めていた。

この頃、のちに日本中を震撼させることになる「オウム真理教」による一連の事件の一つ、長野県内で「松本サリン事件」（1994年6月）が発生し、さらに翌95（平成7）年3月20日、東京都内で「地下鉄サリン事件」が起こり、この事件発生から2日後の22日、警視庁はオウム真理教への強制捜査に着手した。

山梨県・上九一色村（現・甲府市、富士河口湖町）の教団施設の一斉捜索には、警察官約2500人が投入され、私も現場検証班の一員として加わった。じつはこの1週間ほど前、私は非番日を利用して1人で上九一色村の教団施設を撮影に出かけたのだが、施設に近づきカメラを向けると教団信者らに撮影を妨害されて、何らの成果のないまま帰ってきたのだった。

その数日後、別件の業務で警視庁航空隊のヘリコプターに搭乗して、都内で航空撮影を行なったのだが、その日は天気がよかったので、山梨県まで足を延ばし、教団施設を上空から撮影することができた。帰投後、山梨県警から「警視庁のヘリが旋回していた」と連絡があり、私が空撮していたのがばれてしまったのだが、この写真が捜索では施設内の建物の配置や状況などの把握に役立った。

海外派遣の選考考査

オウム真理教関連事件の捜査が続くなか、1995（平成7）年3月末、突然、上司の管理官から呼び出され、警察庁が国際協力事業団（現・国際協力機構：JICA）と協力して海外に派遣している国際協力専門員の選考に参加するように言われた。海外派遣と言われても、すでに54歳、外国へ行ったこともないし語学も苦手で、どうして私が指名されたのか、どうせ選考には受からないだろうと思った。

数日後、警察庁に出向くと、指示された会議室には各道府県警本部から海外派遣要員として選ばれた警察官たちが集まっていた。警視庁からは私と指紋の専門職、W警部補の2人が出席した。今日は説明会だと聞いていたので気楽に構えていたら、いきなり選考面接を始めるという。

私は慌てた。これまでこのような面接は受けたこともなく、W警部補に「何の心の準備もないまま面接に臨むのは無理だから警視庁に帰る」と言うと、彼も急にそわそわしだした。ほかの警察本部から来ている者は皆、優秀そうで本を読んだりしながら落ち着いたようすで面接の順番を待っている。

さらに困ったのは、英会話の能力考査兼ねる面接なので、質問にはすべて英語で答えて下さいと言われたことだ。私が話せる英語はごく簡単な挨拶程度だ。こんなことになるとは夢にも思っていなかった。今さら逃げ出すこともできないまま、私たちの順番が近づいてくる。

とうとう私たちの順番になり、2人で別室に呼ばれ、警察庁の管理官とＪＩＣＡ職員、ＪＩＣＡ嘱託の英語講師を務めるアメリカ人の若い男女の4人を前に面接が始まった。入室してまだ何もしゃべっていないのに口の中は渇きカラカラだった。質問されたのは自己紹介や家族のこと、ここまでどんな交通機関を使って来たかなどだった。初めのうちは何とか答えを搾り出していたが、次第に英語と日本語の〝チャンポン〟になり、やがて質問の内容を聞き取ることができずに、「one more（ワンモア）」と連発しているうちに、管理官も2人のアメリカ人講師も声を出して笑いだした。私は顔が赤くなるのがわかり、しどろもどろになって、一言二言発するので精いっぱいだった。

夕刻、警視庁への帰り道、私はＷ警部補に「海外派遣なんて、はじめから私には関係のないものだったと自分自身で納得している」と言うと、彼も「海外に行く気もないから、今回の選考はオリンピックと同じで参加したことに意義があるという気持ちだ」と言って笑い、私もつられて笑った。

警視庁に戻ると鑑識課では同僚たちが、「どうだった？」「どんな話があったんだ？」と警察庁でのようすをいろいろと聞いてきたのだが、私はすぐに上司の管理官のもとへ行き、「説明会ではなく選考試験でした。間違いなく不合格なので、海外派遣候補はほかの者を充てて下さい」と、はっきりと報告した。

同僚のS警部補が「試験って何の試験だ？」と尋ねてきたので、私は「英会話の試験だ」と言うと、周りにいた者は「えーっ⁉」と声を出して驚いていた。

それから10日ほど経った日の朝9時すぎ、いっしょに選考面接を受けたW警部補が「トンちゃん、たいへんだ！」と、慌てたようすで写真係の部屋に駆け込んできた。「なんだ、朝から事件かな」と思った私に向かって彼は「海外派遣要員が決まったよ」と大きな声で言った。

私はてっきりW警部補が選考に合格したのだと思い、「ああ、よかったね」と応えると、「おい、トンちゃんの名前もあるよ」と1枚の書面を差し出した。それは派遣要員選抜合格者の通知で、そこにはW警部補と私、埼玉県警のM警部、3人の名前が載っていた。驚いて何も言えずにいたが、居合わせた同僚たちが「よかった」「おめでとう」と声をかけてくれた。

ＪＩＣＡの研修と進学塾

しかし、その夜、私は海外派遣要員に選ばれたことを喜ぶどころか、困ったことになったと不安ばかりが大きくなり眠れなかった。まだ、派遣先は示されていなかったが、いずれにしても問題は言葉だ。とりあえず英語は必須だろうが、これまで英語を使うこともなく、五十を過ぎて、今さら勉強を始めたところで、私の得意ではないし、派遣までに何とかなるはずもない。まさか選ばれるとは、自分は運の悪い男だと思った。

それから約1か月後、ＪＩＣＡにおいて、国際協力専門員としての派遣前の研修を受けることになった。大学などの研究機関や各省庁の専門職の人たちとともに研修に参加したが、その主な中身は英会話のレッスンだった。1日8時間近く英語漬けで講義を受け、帰宅後は深夜まで復習と予習。それでも派遣までにある程度のレベルまで達することができるのか焦りがつのるばかりで、次第に酒を飲む元気もなくしていた。

研修開始から1週間ほど経った日の夕刻、最寄り駅からの帰宅途中、駅前のビルに掲げられた進学塾の看板が目に入った。すると私はハッとある考えが浮かんだ。ここで英語を基礎から勉強すれば何とかなるかもしれない、もはや体裁なんか気にする場合ではない。意を決して、その進学塾へ飛び込んだ。

こうして私は中・高校生たちに混じって進学塾の英語コースに通い始めた。その初日、授業開始を待っている6、7人の生徒たちで賑やかな教室へ入っていくと、私を塾の講師と勘違いした生徒たちが、一斉に「先生、こんばんはー」と元気よく挨拶をしてきた。私が言葉に詰まっていると、若い女性の本物の講師がニコニコしながらやってきて「今日からいっしょに勉強する戸島さんです」と紹介された。

数回授業に出ると生徒たちは興味津々で、私に「おじさんは何でここに通っているの？」「どこかの学校を受験するんですか？」と聞いてきた。私は口から出まかせに「東京大学法学部を受験するつもりだ。この塾はあまりレベルが高くないが、近所にはほかに塾がないのでここに通っている」と言うと、生徒たちは目を丸くして私の嘘を信じてしまった。その後、生徒たちは家族にその話をしたらしく、「東大進学を目指しているというおじさんが塾に来ている」という噂が生徒の親御さんたちの間に広がってしまった。

こうして、約2か月間のＪＩＣＡの研修が終わる頃には、英会話にも何だか自信がついてきた（しかし、のちにこれは過信だったことを思い知らされる）。そして、間もなく警察庁を通じＪ

ICAからの派遣先決定の知らせが届いた。身分はJICA出向の警察職員、任国の警察において鑑識捜査技術の指導、助言にあたるため、私はタイへ、W警部補は埼玉県警のM警部と2人でフィリピンへの派遣が正式に発令された。期間は2年間とされた。

〝郷に入っては郷に従え〟

1995（平成7）年11月6日、タイへ赴任するその朝、仏壇の妻に花を手向け静かに手を合わせ、しばらくの別れを告げてから成田国際空港に向かった。

タイの首都バンコクに到着した私の最初の仕事は、新たな職場になるタイ王国国家警察局（現・タイ王国国家警察庁）の幹部の方々への着任の挨拶と、前任者からの業務引き継ぎだった。

バンコクに着いてから数日、投宿したホテルで前任者が迎えに来てくれるのを待っていたが、一向に現れず、しびれを切らした私は1人で国家警察局へ出かけることにした。

事前に場所は確認してあった国家警察局に着き、どうにか前任者の執務室を探し当てると、そこでは警察庁派遣のK技官が離任のため残務処理中だった。もう1人の警視庁派遣のA警部補はすでに私と入れ替わりで、すでに帰国してしまったという。日本を発つ前に電話で業務などの概略は説明されていたが、直接引き継ぎができずに「これから何をすればよいのか」、私は途方に暮れてしまった。

K技官に不安を述べると「マイペンライ。気にせずのんびりやればいいですよ。月に一度、セミナーを開いて、当地の警察官たちに講義すればいいんですよ」と笑って答えた。私としては「マイペンライ（気にしない、大丈夫といったときによく使われるタイ語）」では済まされない気持ちだったが、この数日後、K技官も帰国し、とうとう私1人になってしまった。不安は大きかったが、一方でこうなったら独力で何とかしようと腹を括った。

タイ王国国家警察局はバンコクの中心部、プルーンチット通りに位置し、首相直属の警察長官をトップに約2700人の職員が勤務しており、タイ全土約25万人の警察職員とその活動を指揮・監督している。私が着任したのは、ここの部局の一つである科学捜査部である。

右も左もわからぬまま始まったタイでの仕事と生活は苦労の連続だった。何よりも日本であれだけ猛勉強した英語は買い物や食事、タクシーなど日常生活の場面でまったく通じなかった。また、国家警察局内でも英語ができるのは、ごく一部の幹部だけで、この国で仕事をしていくうえで、英語は役に立たないと悟った私は、タイ語を勉強することにした。

国家警察局に出勤しても、私の補佐役の警察官がいたものの、警察局内の組織、指揮・命令系統、人間関係もわからず、鑑識活動の技術指導といっても何から手を付けてよいのやら、誰からも指示もなく、誰かに聞こうにもどこに聞けばよいのかもわからないありさまだった。私は1人、執務室でJICAへ提出する活動報告書の作成や、タイ語の会話集などを手に独習するなどして過ごすことが多かった。

そんなとき、執務室に警察局幹部の1人、人事監察官を務めるサワン警察少将（タイ国家警察は行政上、準軍事組織に位置付けられており、巡査クラス以上の下士官、士官相当の警察官は「警察」を冠した軍人と同じ階級呼称を用いている）がやって来て、「タイの生活はどうだね」と声をかけてくれた。

サワン少将は日本で警視庁警察学校に留学した経験があり、日本語ができる数少ない職員の1人であった。少将はひとしきり近況などを尋ねて、最後に「〝郷に入っては郷に従え〟だよ」と日本語で言って部屋を出ていった。私はその言葉に勇気づけられた。これから当分、この地で働き暮らしていくのだから、自ら積極的にタイの人々のなかへ入っていこうと心に決めた。

それからは毎朝出勤すると、顔を合わせた職員たちに合掌して「ワイ」の挨拶をしたり、覚えたてのタイ語で「サワディカップ（こんにちは）」「コップンカー（ありがとう）」などと、自分から声をかけるようにした。また、住まいもＪＩＣＡが推奨するような駐在員向きの高級アパートではなく、庶民的な商店や飲食店が建ち並ぶ街の一角にある一般的なアパートに部屋を借りた。ここで暮らすことによって、買い物や食事など、どこへ行ってもタイ語しか通じない生活を始めた。

現場の警察官とともに汗を流す

着任から3か月、待ちに待った鑑識実務のセミナーが開かれることになった。前任者から講義の内容や資料などの引き継ぎもなかったので、日本から持ってきたビデオテープを使うことにした。ところが、ビデオを見せながら、通訳を介して講義を始めたものの、受講する警察官のなかには居眠りを始める者もいる。ところどころ交えた英語もほとんど通じなかった。

私は初めてのセミナーを憮然たる気持ちで終えた。すぐに日本へ国際電話をかけて、警視庁にいる前任者にいろいろ聞いてみた。「受講者の居眠りなんてふつうのことだよ。別にカッカとすることではない」と、つれない返事だった。タイ警察の幹部にも聞いてみると、今までも前任者は日本の鑑識活動のビデオを見せて話をするだけだったという。さらに「前任者は事件・事故の

タイに赴任してまもなく火災現場に単独で出かけ、写真撮影する戸島氏（左）。その時の様子が翌日のタイの新聞に掲載された。

現場に臨場したことはない、危険だから行ってはいけない」と言われた。

私はこれでは実のある指導はできない、「俺はこれまでとは違う自分流の方法でやろう」と考えた。それはタイの事件・事故の現場、警察活動の実際を見て、これに即した指導方法を実践することだった。

この数日後、私は無断で国家警察局の近くで発生した火災の現場に出向いた。現場は立ち入りが規制されていたが、タイ警察の鑑識班の後について関係者のふりをして中に入り、タイ式の鑑識活動のようすをつぶさに見ることができた。

ところが、翌日の新聞にこの火災の記事とともに掲載された現場の写真に私の姿が写っており、これを見た国家警察局幹部から「なんで火災現場などに行ったのか？」と怒られてしまった。しかし、こんなことで意志を曲げるわけにはいかない。「現場や実情を知らずに指導はできない」「私の方針が認められないのなら、すぐにでも日本に帰国する」と、私は叱責を突っぱねた。

現場も知らずに、ただ上からの目線で日本の警察の仕事を教えてやるという姿勢ではだめだ。警視庁でもずっと現場一筋でやってきたのだから、その経験や培ってきた技術を活かそう。それには自ら現場に臨場し、タイの警察官とともに汗を流さなければならない。

これ以降、私1人で使用しているエアコンの効いた執務室を出て、科学捜査部鑑識課の大部屋に顔を出すようにした。ここにはつねに30人くらいの鑑識係員たちが待機し、バンコク市内および首都圏の警察署からの出動要請に対応している。大部屋にはエアコンはない。天井に吊られた大きなファンが熱い空気をかき回しているだけだ。

はじめは大部屋にやってくる私に鑑識課員たちは驚いたようすだったが、次第に私は大部屋にいることも多くなり、彼らと拙いタイ語で雑談したり、庁舎内の食堂で昼食をともにした。また、国家警察局では高級幹部はもちろん、課長クラスでも専用の執務室が与えられ、そこには階級、役職によって出入りが厳しく制限されていたが、私の執務室はこの慣習をなくし、若手警察官たちにいつでも気楽に来いと言っていたので、次第に彼らも業務の用件ばかりでなく、「日本の話を聞きたい」「日本語を教えて欲しい」などと言ってやって来るようになった。

ある日、そんな私のようすを見ていた科学捜査部長のソポン警察中将が声をかけてくれた。「現場鑑識活動に国境はない。現場で汗を流しながら実地指導したいという考えに賛成だ。ミスター・トジマが納得する方法でやってほしい」と後押ししてくれた。それ以降、私は堂々と事件現場に行くことができるようになった。

タイの事件・事故現場

事件・事故の一報が入ると、私は鑑識係員たちとともに鑑識用資機材を持って発生現場へ出動する。臨場すると現場保存、写真撮影、指紋や足跡など資料の採取、計測や記録などの作業を一緒に進めながら指導した。誰もが嫌がる死体の検分や取り扱いなども自ら率先して行なった。

当初、タイの事件・事故現場に臨場するようになって驚いたのは、「報徳善堂」という公益奉仕団体（もともとはタイの華僑、華人の互助組織から発展した）が組織、運営している緊急援助チーム（俗に「葬儀団」とも呼ばれていた）の存在だった。彼らは警察無線を傍受して、交通事故をはじめ事故や火災、変死、殺人事件などの発生を知ると、複数の無線アンテナを立てた黄色い車両で、サイレンを鳴らしながら渋滞のなかをぬって現場へ急行する。メンバーは車と同じ黄色のオーバーオールを着用している。

この緊急援助チームは遺体の収容や搬送、事後の葬儀や荼毘の支援などを目的に活動している。状況によっては人命救助や負傷者救護にもあたるのだが、困ったことに、現場に殺到した複数のチームが遺体の奪い合いをすることもあった。遺体の世話をすることは仏教的精神に基づく「功徳を積む」行為であり、彼らは一つでも多くの功徳を積もうと事件・事故の現場に駆けつけてくる。特に問題だったのは、当然ながら彼らには鑑識活動の知識などはなく、警察官が到着する前に死体に群がり、現場を踏み荒らしてしまうことだった。

さらに、多くの現場では野次馬や報道関係者が集まり、現場への立ち入り規制をしていないときもあり、野次馬が現場から金目の物を持ち去ったり、新聞や雑誌などのカメラマンが死体を跨いで、それを撮影したりとメチャクチャな状況になっていることもしばしばだった。

このような状況を呈する背景には、現場における鑑識活動に対して民間人はもちろん、警察官も理解が低く、とりわけ事件・事故発生直後の現状保存の重要性に対する認識不足があった。日本の警察では綿密な鑑識活動は捜査の第一歩で、真相究明、立件、事件解決の基本であり、さら

爆弾テロによる爆発現場を現場検証するタイの捜査官と戸島氏（中央）。

にその後の裁判の判決をも左右するものであると認識されている。私はこれを基本にタイ警察の鑑識活動の問題点や課題を是正、改善する方策を考えた。

まずは、現状保存の重要性について、現場の警察官には事あるごとに説き、また、幹部警察官や「報徳善堂」のメンバーを集めて講演も行なった。また、タイ警察の鑑識用資機材には足りない物が多く、私はそれらの代わりに使えそうな物を自腹で購入、あるいは自作して、それらを臨場した現場で鑑識係員たちに使用させた。

立ち入り規制をするために梱包用のビニールテープを代用したり、証拠品やその位置関係などを記録する際に番号標識を置くことなど、私の指導によって行なわれるようになった。また、暑いタイの現場で鑑識係員たちは、ほとんど素手で作業しており、これでは遺留指紋の保全や衛生上の問題があった。そこで警視庁に依頼して日本で使っている医療用ゴム手袋を送ってもらい、鑑識係員たちに支給するとともに、以後、タイ国内での調達と使用の徹底を図った。

セミナーは知識ではなく実務を

おそらく、どこの国でも、どこの組織でも前例のないことを始めたり、従来からのやり方を変えることには、少なからず抵抗や反発があるのは当然であろう。私が現場へ指導に出るようになってからも、はじめはタイの鑑識係員たちは私の指示どおりに作業をしなかったり、また、古参の捜査員のなかには、彼らのプライドからか、捜査に関する私の意見や助言に耳を貸さない者もいた。それでも私は粘り強く指導と、ときには説得に努めた。

毎日、若い鑑識係員たちと捜査車両に乗り込み、朝から晩まで現場を回り続けた。現場へ向かう車内では彼らの会話を聞き、出てくる言葉をカタカナでメモし、執務室やアパートに帰ってから辞書を片手に「カータカンは殺人、カモーイは窃盗、ポロンは強盗、カートタイは自殺か

タイ警察士官学校の学生に指紋の採取方法を教える戸島氏。

……」といった具合にタイ語の独習に励んだ。メモに使っていたノートは、2〜3か月ほどで全ページが文字で埋まり、事件や火災現場の埃や煤で汚れていた。また、現場回りの途中や勤務を終えてから、鑑識係員たちと屋台料理などを食べることもあり、ときどき腹を壊したが、こんな毎日を繰り返すうちに、タイ人警察官たちも鑑識課の仲間として受け入れてくれるようになっていった。

一方、本来の業務の一つである鑑識技術のセミナーも、私が初めて演壇に立った以降も何回か開催された。私は現場の鑑識活動に同行するようになってから、セミナーでは日本から持ってきたビデオを見せる方法をやめ、私が現場で独自に撮影した写真のスライドを使いながら、タイ式鑑識活動の問題点を指摘するとともに、改善すべき事項やその方法を提案した。

回を重ねるごとに、セミナー受講者のアンケートによると私の講義はたいへん好評を得た。それが国家警察局上層部の耳にも入り、科学捜査部の幹部からの依頼でセミナーは受講対象者、内容ともに拡充することになった。こうして、それまでは主として上級幹部警察官や鑑識・捜査幹部を対象にしていたセミナーは、タイ全土の管区地方警察で現場に出ている鑑識係員、捜査員をはじめ、警察学校、警察士官学校の学生などにも対象が広げられた。

それらのセミナーで私は、知識ではなく実務としての鑑識技術を教えることに目的にした。特に警察士官学校学生や若手警察官たちへのセミナーでは、2日間の座学に続き、残る数日間はすべて実技指導に充てた。実技は殺人事件の現場を模擬したセットを用意して、そこで現場保存・観察、写真撮影、指紋や足跡の採取、計測や記録などを実際に受講者たちに行なわせ、それらの方法、要領を徹底的に指導した。実技指導は屋内のほか屋外でも実施し、気温40度を超す炎天下や雨が降るなかでの活動も体験させた。そして最後に実技試験も実施した。

派遣任期の延長

赴任してから1年あまり、私の本来の任務であるタイ警察への鑑識技術の移転も少しずつ成果を上げつつあった。その一方で現場回りの指導やセミナーなどしていると、若手警察官や警察士官学校の学生などのなかには、凄惨な事件現場を怖がったり、現場でどのように対処すればよいのか自信のない者がいることに気づいた。その原因を考えてみたところ、現場での鑑識活動の基本や正しい手順と方法、留意すべき事柄などを示した教科書（マニュアル）がないことが、大きな要因の一つになっているとの結論に至った。そこで、私は残りの任期のあいだに、これまでの経験と知見を基にして、このマニュアル代わりになる資料を作成することにした。

国家警察局での仕事は相変わらず多忙を極めていたが、さっそく作業に着手した。私は資料を実用的で理解が容易なものにすることを基本方針に、帰宅後は連日夜遅くまで、今までに撮影した写真をセレクトしたり、現場での検証記録や鑑識報告書などを参照しながら解説記事の執筆を続けた。

日本語で書いた原稿のタイ語への翻訳を知り合いの国立チュラーロンコーン大学で日本語を学

ぶタイ人学生に手伝ってもらいながら、半年ほどかけてようやく記事を書き上げた。学生たちには、お礼代わりに彼らがアルバイトでやっていた日本の漫画の翻訳を手伝った。

私の2年間の任期も余すところ2か月ほどになった1997（平成9）年9月、ようやく完成した記事と写真からなる資料のファイルを科学捜査部長に提出した。それを受け取った部長は、すぐに数人の幹部を集めてファイルを見せながら何やら話し合いを始めた。

私は内容に何か問題でもあったのかと不安になってきた。添付した生々しい事件現場の写真が問題なのか、詳細に解説した鑑識や捜査の手法が部外に流出することを心配しているのか、緊張してようすを見守りながら、この資料の廃棄を命じられることも覚悟した。

しばらくののち、部長は笑顔で「この資料はたいへんよくできている。本格的に教材として使用できる本にしてほしい」と言った。資料は私が任期中にこれからのタイ警察のために少しでも役に立つものを残したいと思って作成したものであり、それを正式な教範に採用すると言われるとは思ってもいなかった。意外な成りゆきにうれしさとともに、さて、残り少ない任期中にこの依頼をどうやって実現するか戸惑ってしまった。

さらに部長は「ミスター・トジマ、あなたはこれまでタイ警察にたいへん貢献してくれた。しかし、まだまだ指導して欲しいことはたくさんある。そこで、あなたさえよければ、もうしばらくここに留まって仕事を続けてくれないだろうか…」そして、「了承してくれれば、国家警察局長官を通じて、JICAと日本の警察庁へ正式に派遣期間延長を要請する」と言った。

私としても部長の言うとおり、教えたいことはまだまだあったが、任期を終えれば帰国は当然だと考えていたので思いもよらない申し入れだった。私はこれを快諾し、間もなく任期の1年延長が発令された。

タイ警察初の「鑑識マニュアル」

任期が延長された私は、すぐに提出した資料の内容の充実を図り、実用的な教範に仕上げる作業に取りかかった。そこで、この件をJICAタイ事務所のS所長に相談し、支援を求めるとともに、さらに当地の日本語情報誌『まるごとウォッチングタイランド』発行元のM社長、キャノンマーケティングタイランドのF社長にも相談したところ、無償で印刷などの協力を得られることになり、3千部を製作する道筋がついた。

それから約3か月後、教範は『現場鑑識』のタイトルでA4判、60ページあまりの冊子になって完成した。内容は、現場の鑑識活動に関するさまざまなノウハウを網羅し、写真撮影や実況検分の方法から死因の特定、遺体の取り扱いまで、カラー写真つきで詳しく解説したものだ。

タイ警察初の鑑識技術の教範は、国家警察局において警察局首脳、高級幹部も出席して引き渡し式が行なわれた。この席上、科学捜査部長のソポン警察中将は「この教範はタイ警察の鑑識技

タイ警察の鑑識技術を向上させるため制作した「現場鑑識」のマニュアル。現在も内容を更新しながら使用されている。

術の向上に寄与するものであり、今後も科学的捜査の推進を図り、犯罪撲滅と治安維持に取り組んでいきたい」と挨拶した。真新しい教範は、さっそく国家警察局の各部局、バンコク首都圏の各警察の鑑識・捜査部署に配布された。

この式典のようすや教範のことは当地の新聞やテレビで報道されたことから、間もなくタイ各地の管区地方警察や警察学校、警察士官学校などからも教範配布の要請が多数寄せられ、さらに5千部増刷することになった。また、タイ国立図書館にも収蔵されることになり、併せて私の名前で著作権も申請された。

この頃にはタイでの生活にもすっかり慣れ、赴任したとき、ゼロからスタートしたタイ語も日常会話レベルでは困らない程度には上達していた。相変わらず現場では警察官たちとともに汗を流しながら指導を続けるとともに、鑑識技術セミナーは開催する回数も増え、管区地方警察などからの依頼で地方へ出張することも多くなった。その結果、日本式の鑑識技術が地方警察にも普及するとともに、私の教え子の警察官たちがタイ全国で活躍するようになっていた。

現場へ臨場すると、そこにいた所轄署の鑑識係員が親しげに話しかけてきて、聞くと私のセミナーを受講した者だったことが何度もあった。また、顔見知りの捜査員に出会うと、よくアドバイスを求められた。

そんな警察官たちがいる現場では、立ち入り禁止の規制線が迅速に張られ、写真撮影や証拠品の採取なども手際よく、私の指導が実践されており、タイの捜査技術は着実に向上していた。現場での指導を始めた頃、現状保存のために必須の靴カバーがなく、スーパーなどのレジ袋で代用していたのが懐かしく思えた。

また、私の指導のいわば〝副産物〟もあって、いつもいっしょに現場へ臨場している科学捜査部の鑑識課員たちは、要請がくると「ゲンバ、ゲンバ！」と叫んで出動していき、臨場すると「ソッコン（足痕）」「サイシュブクロ（採取袋）」とか「オイ、ハヤクヤレ！」など、私がよく言っている日本語を彼らがそのまま使っていて笑ってしまった。

さまざまな事件・事故の捜査、セミナーなどの業務で連日、バンコク首都圏ばかりでなくタイ全国を飛び回りながら、延長された任期1年もあっという間に過ぎていった。

再びタイへ渡る

1998（平成10）年11月、私は3年ぶりに帰国、JICA出向の任を解かれ、警視庁に復職した。古巣の鑑識課に戻り、写真をはじめ似顔絵の指導などの専門職として勤務に就き、200

0（平成12）年には、前述したように警視庁の「似顔絵捜査員001号」にも任命された。

そして、翌2001（平成13）年3月、警部を最後に定年退職した。そして同時に警視庁で似顔絵を指導する嘱託職員として5年間の再雇用が決まったが、時期を同じくして、タイ王国国家警察庁（1998年、組織改編で国家警察局から改称）から「もう一度、指導に来てくれないか」との要請がきたのである。

警視庁の幹部や上司からは「嘱託の辞令を受けたばかりで辞めるやつがいるか」「ここで後進の指導にあたってくれ」と引き留められ、どちらを選ぶか大いに悩んだ。なかなか決断できなかった私は、警察学校時代の恩師であり、警視庁では鑑識課長、捜査第1課長などを歴任し、かつての上司であった田宮榮一氏（故人）に相談したところ、「これからの第二の人生を思う存分生きてみろ」と励まされ、この言葉にタイ行きの決心がついた。2002（平成14）年4月、私は再びタイへ渡った。

赴任するとすぐに国家警察庁科学捜査局長のサタマーン警察中将に呼ばれ、上層部の会議で私の任用が正式に決まったことと、併せて警察大佐に補職すると伝えられた。警察大佐は日本でいえば警視正に相当し、警視庁では参事官、方面本部長や主要部課長・隊長、あるいは警察署長などを務める階級である。また、新しく用意された執務室にはエアコンはもちろん、冷蔵庫も置かれ、日本の警察の署長室よりも大きな部屋だった。

サタマーン中将から「何か特に希望することはあるか」と尋ねられたので、「これからも自由に現場に行かせて欲しい」とだけ伝えると、「それだけでいいのか?」と驚かれた。私としてはそれで十分、自分の経験と技術が活かせる場があるだけで満足だった。

また、私のタイ警察任用のことは、JICAタイ事務所にも伝わり、今度は「シニア海外ボランティア」に任命され、これによってタイと日本の両方から公式な身分が与えられた。

こうして、タイ警察の職務に復帰し、それからは殺人、強盗、麻薬組織の追跡、爆弾テロなどの重大事件、また大規模火災、船舶火災などの現場での活動に飛び回るとともに、幹部警察官を養成する警察士官学校や警察大学校での教務の日々がまた始まった。

私が以前作成した鑑識技術の教範は、その後、最新の捜査・検証技術や爆発物処理方法などが追加され、今やタイ全国の警察で広く使用されていた。私が帰国して不在だった4年間の鑑識・捜査記録などの資料を見せてもらうと、私が手探り状態で指導してきた鑑識技術が、タイの若い幹部警察官たちにしっかりと引き継がれていることを確認できた。私は「タイに戻ってきてよかった」と思った。

第4章　忘れられない事件、出来事

大災害の現場

二度目のタイ警察勤務でも、さまざまな事件・事故などの現場に出動したが、そのなかでも特に忘れられない出来事がいくつかある。

その一つがスマトラ島沖地震による大津波の被災地での活動である。タイに戻り3年目の2004（平成16）年12月26日、スマトラ島沖で発生した地震は大津波となってインド洋沿岸国を襲い、タイでは南部の沿岸地域で日本人28人を含む多くの犠牲者（死亡者約5400人、負傷者約8500人、行方不明者約3000人）を出す大惨事となった。

翌27日、被災地の災害対策本部などから国家警察庁に、収容された遺体の身元確認の支援要請がきた。科学捜査局の幹部が被災地に派遣する者の人選を始めたが、年末で家族や恋人がいる者は誰も行きたがらない。結局、若手警察官10人が選ばれたが、彼らのうち7人はバンコクでもほとんど事件現場に出たことがない見習い中の者だった。幹部から私に「経験の浅い者ばかりだが現地でしっかり実務指導してくれ」と指示があり、同日午後1時過ぎ、私は彼らを率いてバンコクを出発した。

大型ワゴン車を部下たちに交代で運転させ、約16時間かけて翌日未明、バンコクから南へ約800キロメートルのアンダマン海に面したパンガー県・カオラックに到着した。夜明けを待って海岸部の状況を確認に行くと、津波の被害は想像を絶するもので、道路や街はことごとく破壊され、瓦礫に埋め尽くされていた。

海岸から離れた場所にある寺院が遺体の仮安置所になっており、私たちはここで遺体の身元確認作業を開始した。バンコクを発つとき、科学捜査部の幹部は「身元確認作業の遺体は20～30体程度だろう。二、三日で終わらせてバンコクで正月を迎えられるだろう」と言っていたが、話はまったく違っていた。寺院にはすでに数百体の遺体が収容されており、広い敷地内はシートに包まれたり、棺桶に収められた遺体であふれ、さらに続々と運び込まれてくる。乾季の12月でも気温は37度、遺体からの腐敗臭が漂っていた。

私はこの状況に唖然としている部下たちを集め、「この亡くなった人たちの身元が判明するかは、われわれの活動次第だ。1日も早くご遺体を家族のもとへ帰してあげよう。それがわれわれの任務だ。この仕事ができるのはわれわれしかいない」と励ました。そして、「この仕事が務まらないという者は、すぐに申し出てくれ。この場でバンコクに帰す」と言った。彼らはこのような現場で、しかも想像を超える状況下での活動には無理があったが、もはや仕方ない。皆で力を合わせて頑張るしかないと、私は心に決めた。

身元確認の作業は、遺体を一体一体、写真を撮影し、手術痕や刺青などの身体特徴を記録、手の指紋採取によって進められた。遺体は損傷が激しく、腐敗も進んでいくなか作業を開始したものの、1日に10体程度しか処理できなかった。その一方、遺体の数は日を追って増えていく。われわれ11人ではどうにもならない状況だった。現地入りしてから4日目には遺体は千体を超えていた。

そこで、これだけ多くの遺体からの資料採取作業をどのようにすれば迅速化できるか考え、ついに私は遺体の指を切断するか、指の皮膚を切り取る以外に方法はないと判断した。これを伝えると部下たちは驚き、遺体を傷つけることに道義的、宗教的な理由から賛成しなかったが、私が

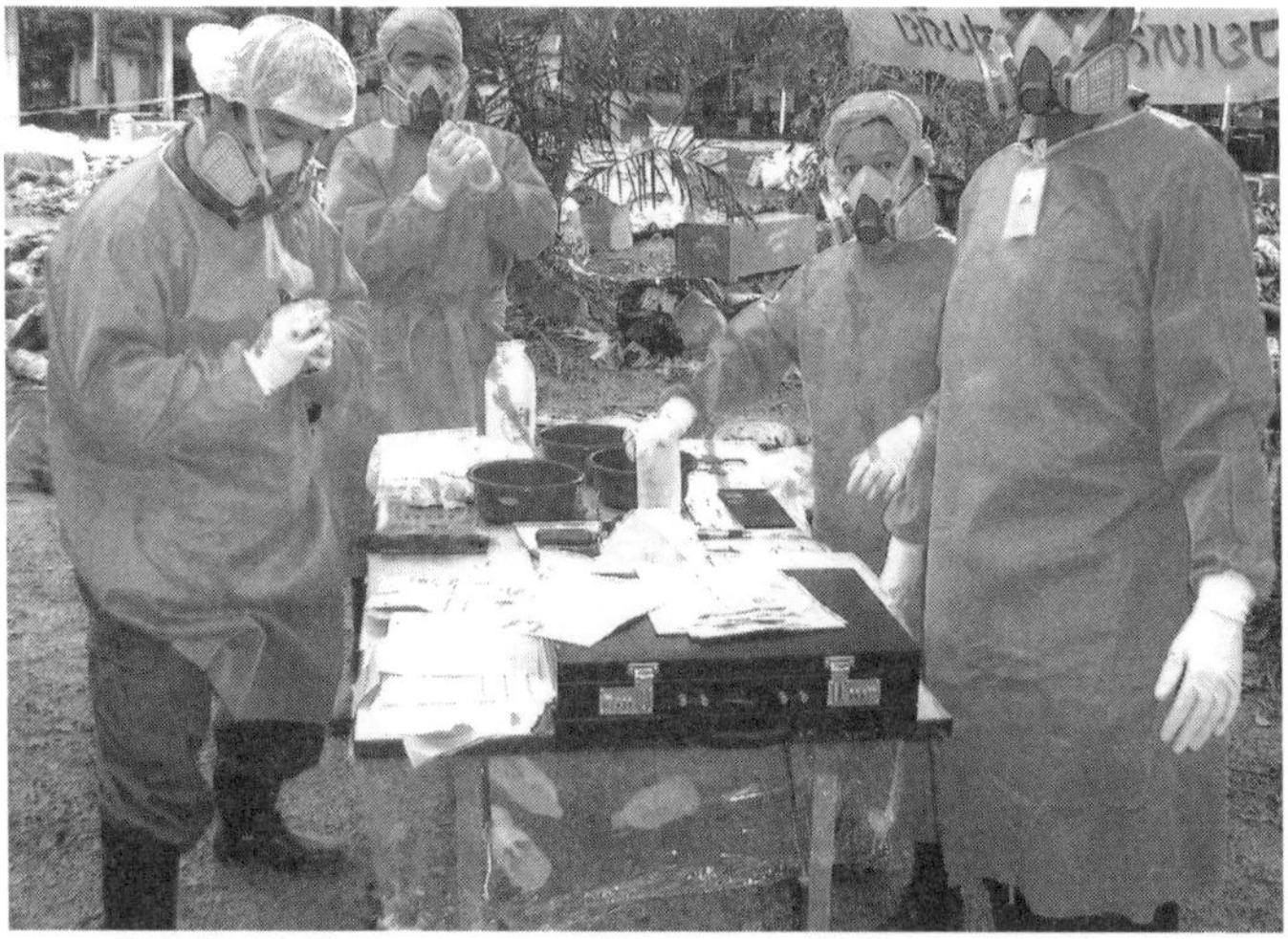

2004年12月に発生したスマトラ島沖地震で、現地で身元確認のための指紋採取作業にあたる戸島氏（左端）。

全責任をとると説得し、この決断を実行に移した。

切断した指からカッターナイフやハサミで皮膚を切り取り、それに自分の指に重ねて、採取用インクに押し当て、記録用台紙に転写した。これは警視庁時代、水死体の指紋採取などで行ったこともある方法だった。これにより作業はスピードアップして、ほどなくして1日に200体以上処理できるようになった。

いつ終わるのかもわからないまま作業は連日続いた。途中、要員の応援や交代を受けながら、活動は3か月に及んだ。その結果、約4000体の身元が判明し遺族のもとに帰すことができた。タイでは15歳以上（現在は7歳以上）の国民は「携行市民カード」と呼ばれる身分証明書の取得と携帯が義務付けられており、この申請時に顔写真と両手親指の指紋が登録され、行政機関がデータベース化しているので、指紋が採取できれば身元確認はほぼ可能なのである。

指紋を採取した遺体のなかには、おそらく年末年始の休みで家族とともにカオラックを訪れていたのであろう日本人の小学生もいた。採取した指紋の資料は日本に送られ、祖父母の家にあったその子の図工作品の粘土に残された指紋から身元確認できたと、後日知らされた。

この年の11月、一時帰国した私は、当時JICA理事長を務めていた緒方貞子氏（故人）、スマトラ島沖地震津波の救援活動に関係したJICA職員とともに皇居に招かれた。皇居に向かう車の中で緒方理事長から「陛下の前では言葉遣いに気を付けるように」と言われ、天皇、皇后（現・上皇、上皇后）両陛下にお目にかかる光栄を思うよりも、陛下から何かお言葉をかけられたら、どう答えようかと心配のほうが大きくなってしまった。

吹上御所で天皇、皇后両陛下にお目にかかり、緒方理事長からお招きへの謝意や、JICA職員からの報告などののち、私は被災地での活動について説明を申し上げた。天皇陛下から「ずいぶんご苦労されましたね」と労いと、最後に「これからもお元気で」と励ましのお言葉をいただいた。極度に緊張しながらも何とか失敗もなく説明を終えホッとしていた私は思わず「はい、バリバリ元気です」と胸を張って返事をした。

陛下は穏やかな笑顔でうなずいていらっしゃったが、帰りの車内で緒方理事長から「陛下に向かって〝バリバリ〟なんて言葉を使ってはいけません」と厳しく叱られてしまった。今でもテレビなどで上皇、上皇后両陛下のお姿を見るたびに、この日のことを思い出す。

日本人の失踪・殺害事件

日本人が関係する事件も数多く取り扱ったが、そのなかには凶悪な事件もあった。2007（平成19）年に起きた日本人の失踪・殺害事件である。

同年12月、バンコクの国家警察庁にタイ中部のリゾート地、パタヤの警察署から同地に滞在中の会社経営者の日本人男性N氏と連絡が取れないと、日本の家族から捜索願が出されたという知らせが入った。私はこの捜査に協力するため国家警察庁の捜査員をともないパタヤに向かった。

現地に着いてすぐパタヤ警察署の捜査員とともに聞き込みを始めた。すると、同地に数年前から在住している日本人男性S（53歳）が、N氏をバンコクの空港まで迎えに行っていたことなどの接点があることがわかった。

さらに聞いて回ると、Sを知る誰もが彼は世話好きで、人が困っていればいろいろと相談に乗り、助けてくれるとてもいい人だと、口を揃えて言い、悪い噂は何一つ出てこなかった。パタヤ警察署でも詳しく事情聴取したが不審な点は何もないということだった。私はSに会って話を聞くと、「N氏はバンコクに行った。詳しいことは知らない。私もたいへん心配している」と言うだけだった。

捜査に何らの進展がないまま、数日が過ぎたが、私はSがN氏の失踪に何らかの関係があるとみて、意を決してパタヤ警察とともにSの自宅をガサ入れ（家宅捜索）した。令状なしの任意による捜索で日本ではとてもできないやり方だった。その結果、N氏の所持品と思われるパソコンや大量の日本製たばこが発見された。Sはそれらを「空港でN氏から預かったものだ」と平然と説明した。

その頃、パタヤから南西40キロメートルほどのチョンブリ県の山中で男性の腐乱死体が発見された。死体は国道から少し離れた茂みの中に投げ捨てられていた。死後10日以上が経過していた死体は、身元が特定されないように両手首と両足首を切断した状態でN氏と特定できなかったが、このような殺害、死体遺棄の方法はタイ人による単なる物盗りなどの犯行ではない、重大な犯罪歴のある者の仕業で犯人は被害者の知り合いだと、私は直感した。

私は再度、Sに会うことにした。パタヤ警察署で重要参考人として調べを受けていたSは、私

日本人元暴力団員が関与した殺人事件を解決し、2008年1月、パタヤ警察署で事件の経緯をメディアに発表。左から２人目が容疑者。右端が戸島氏。

の前でも慌てるようすもなく聴取に応じていたが、私は数多くの犯罪者と接してきた経験から、その態度や会話のなかに見え隠れする〝警察慣れ〟を感じ、この男には間違いなく裏があると確信した。

そこで、私は指紋を採取することにした。すると、それまで平然としていたSが急に動揺し始め、「何もしてないのに、なぜ指紋を取られるのか？」と、反抗的な態度になり、「あんたは何者ですか、何の権限があってこんなことをするのか？」と言った。私は「タイの警察の者だよ」と答えると、Sは「日本大使館の職員じゃないのか？ タイの警察になんで日本人がいるんだ」と強い口調で返してきた。私は「タイ国家警察庁の戸島だ。パタヤ警察の者ではない」とだけ言うと、Sの右手首を掴み指紋採取を始めた。採取用インクを塗るとき、その指が小さく震えていた。私は何も言わずに手早く十指すべての指紋を採取した。

採取した指紋は、すぐに日本大使館経由で警視庁鑑識課に送った。数日後、警視庁から連絡が来て、驚くべき事実が明らかになった。

指紋の男の「S」は偽名で、本名は「I」(60歳)、北海道出身の元暴力団員で殺人未遂などの前科があり、千葉県警から私文書偽造の容疑で指名手配中だった。その後の取り調べで、Iは犯行を認め、かねてから知己のN氏を日本から呼び寄せ、現金350万円などを奪い、殺害、死体を遺棄したことを自供した。Iはタイ警察により逮捕、起訴され、裁判で死刑判決を受け、のちに刑は執行された。この事件は当地ではもちろん、日本のメディアでも大きく報道された。

王女の指紋を〝採取〟

二度目のタイ勤務でも大きな事件・事故の鑑識捜査活動を手がけ忙しい毎日を送っていたある日、私は科学捜査局長に呼ばれた。局長のもとに行くと、近く王宮に参内するようにと伝えられた。驚いて聞いてみると、タイ警察ただ1人の日本人警察官である私のことや、私が作成した現場鑑識の教範のことなどは、当地のメディアで紹介されていたことから、それが王室にも伝わり、これに関心を寄せられた王族からお招きがきているとのことだった。

その数日後、国家警察庁のサン長官と幹部3人とともに、私は教範を携えて王宮に参内した。緊張しながら広く豪華な王宮内に入ると茶菓の接待のあと、シリワンナワリー王女に拝謁した。シリワンナワリー王女はワチラロンコーン国王の二番目の王妃との間に生まれた次女で、東南アジア競技大会にバトミントンや馬術の選手として出場したり、現在はファッションデザイナーとしても知られている。私がお目にかかった当時は20歳過ぎで国立チュラーロンコーン大学の学生であった。

王女との面談では、長官からの挨拶などに続いて鑑識活動に関する話題になり、指紋についてもいろいろとご質問を受け、持参した機材を使って実際に指紋採取の方法をご覧にいれることになった。すると、驚いたことに王女はご自身の指紋をとってみてほしいとおっしゃられ、私の前に進み出た。

私はおそるおそる王女の手を取ろうとすると、長官も驚いて言葉も出ないようすで、すぐに周りにいた侍従や警護官は血相を変え、「王女の手に触れるな！」と、強い口調で私を制止した。だが、王女はそれを気にするようすもなく「マイペンライ（構いません）」とニッコリ笑顔を浮

シリワンナワリー王女に教範『現場鑑識』を紹介する戸島氏。この後、サン長官はじめ関係者が心配するなか、王女の指紋を採取した。

かべて白い手を差し出した。

私はいつもやっているように、王女の十指を一つずつつまんで指紋採取用テープに押し当て、次にテープに検出用の粉末を刷毛で付着させ、きれいに指紋が浮かび上がったテープを保存用のシートに貼り付けた。シートの記録欄には王女が自筆でお名前を記入された。この後、ひとしきり証拠採取の方法などについて説明を申し上げて、予定の時間になり、私たちは席を辞した。王女の指紋シートは機材を片づけながらいっしょにかばんの中にしまった。

拝謁した部屋を退出する際に、王室の警護官から王女の指紋シートは置いていくように耳うちされたのだが、私は聞こえなかったふりをして、そのまま王宮を出て帰りの車に乗り込んだ。

国家警察庁に帰ると、すぐに王女の指紋の話は庁内に広まり、職員たちが現物を見たいと入れ替わり立ち替わり私のもとへやって来た。すると、間もなく長官から指示があり、王女の指紋シートは額装して庁舎内の大会議室の壁に飾ることになった。

それからしばらく経ってから、「王女の指紋を収めた額がときどき傾いていることがある。大会議室内に風が吹き込むわけでもないのに不思議だ」と職員たちの話題になっているとの噂が伝わってきた。私は半信半疑だったが、ほどなくして、このミステリーの真相が明らかになった。それは当直の警察官たちが、王室縁《ゆか》りの品を自分も手元に置きたいと、夜間にこっそり額を持ち出してコピーし、戻す際にまっすぐに壁にかけていなかったということだった。謎が解けて、ひと安心したが、警察庁上層部から全職員に対し、以後このような行為は厳禁するとの通達が出された。

銃撃戦に発展した大規模デモ

タイでは政治が不安定なことから、軍部によるクーデター（1932年、タイが立憲君主制に移行した「立憲革命」以来、19回のクーデターが起きている）と、それにともなう政治の混乱から反政府運動が過激化した騒擾事態がしばしば発生しており、私もその危険な現場を体験している。

２００６年9月の軍事クーデターに端を発し、２００９年はじめから活発化した反クーデター、選挙に基づく政権樹立を主張するタクシン元首相支持勢力の「反独裁民主戦線（ＵＤＤ）」の反政府運動は２０１０年に入ると拡大し、同年3月から5月にかけては、バンコクの中心地区での大規模集会やデモが連日のように行なわれ、デモ隊と治安部隊との間で激しい衝突がたびたび発生した。同年の騒擾は最も激しく、死亡者は１００人近く、負傷者は１５００人以上に上り、タイの社会や経済に大きな影響と混乱を及ぼし、市民生活の安全を脅かす結果となった。

２０１０年4月10日、私はバンコクの中心部、王宮に近い民主記念塔付近でデモ隊の動きを見守っていた。近くには前進待機中の警察機動隊もいて、そのなかに数人の顔見知りの警察官がいた。そのうちの1人、サクシット警察中尉が私のもとへやって来て、「大佐、ここにいては危険です」と言って、安全なところに下がるように促した。

この日、私の目的はデモ隊のリーダーの写真撮影だったのだが、サクシット中尉はそれを知らずに声をかけてきたので、近くにいたデモ参加者に私が私服の警察官であることがバレてしまっ

2010年アピシット首相の退陣を求めるタクシン元首相支持派（UDD）の赤シャツのデモ隊と、その動向を監視する戸島氏。

た。状況によってはデモ隊が暴徒化することも予想され、やむをえず、その場を離れることにした。

日が傾き始める頃には、民主記念塔の周りに赤いシャツを着たUDDのデモ隊が続々と集結し、その数は千人以上に膨れ上がった。治安出動していた陸軍治安部隊は民主記念塔近くのコークウア交差点に装甲車6台を並べ、小銃や催涙ガス弾発射器などを手にした兵士数百人が整列、デモ隊と数十メートルほどの間隔で対峙し、周辺は物々しい空気に覆われていた。

三島由紀夫の小説、『暁の寺』で有名なチャオプラヤー川の畔にある寺院、ワット・アルンの尖塔が夕日で輝く頃になると、治安部隊は放水、催涙ガス弾やゴム弾を発射してデモ隊の強制排除に乗り出した。これに対してデモ隊が激しく抵抗し、路面の敷石を砕いて治安部隊に向け投石を始め、現場はさらに大混乱に陥った。

あたりが暗くなると治安部隊の催涙ガス弾やゴム弾の鈍い発射音に替わって、突然、「パン、パン、パン」と乾いた発射音が響いた。小銃の銃声である。私は姿勢を低くしてあたりを警戒しながら治安部隊の装甲車の陰に入ろうと急いだ

その間も銃声は続き、どうしたことか、今度はデモ隊のほうからも小銃の発射音がして、治安部隊とのあいだで銃撃戦となった。投光器に照らされた赤いシャツのデモ隊のなかに小銃を手にした黒ずくめの男が数人いるのが見えた。

装甲車に当たった銃弾が跳弾となって響く音とともに、デモ参加者たちの悲鳴や怒号、治安部隊兵士たちの「衛生兵！衛生兵！」と叫ぶ声などが入り乱れるなか、銃撃戦はだんだん激しくなり、私の目の前でも撃たれた兵士が次々と倒れた。徴兵制度があるタイではほとんどの男性は軍歴があるので、おそらく黒ずくめの男たちも銃の扱いに慣れているのであろう。

このままでは危険なので、私はサクシット中尉とともに急いで、さらに後方へ移動を始めた。放たれた火の黒煙と催涙ガスが立ち込めるなか、涙と鼻水を拭きながら手探り状態で地面を這うように進んでいたとき、私たちから少し離れた歩道でビデオカメラを回している1人のニュース

カメラマンの姿が目に飛び込んできた。

この無謀ともいえる撮影をしていたカメラマンは、このような現場での取材はまったくの〝素人〟なのだろうと思った。早く安全なところへ逃げろと声をかけたかったが、銃弾が飛び交う状況下で人の心配をするどころではなく、まずは自分の身を守るので精いっぱいだった。

日本人カメラマンの死

翌日、早朝から日本大使館職員や日本メディアのバンコク駐在記者などから相次いで電話がかかってきた。昨夜の銃激戦の現場に私がいたことが関係筋から早くも伝わっていたようで、電話は「現場で日本人のカメラマンを目撃しなかったか?」という問い合わせだった。私は「カメラマンを見たが、日本人だったかはわからない」と答えた。これらの電話で、ロイター通信に所属する日本人カメラマンが銃弾を受けて死亡したことを知った。結局、この日の騒擾では、この日本人カメラマンを含む25人の死亡者と840人の負傷者が出た。

後日、日本人の死亡をめぐって日・タイ間で問題になったのは、被害者が受けた銃弾は治安部隊とデモ隊、どちらが撃ったものだったのかということで、日本政府はこれを明らかにするため、タイ政府に正式に捜査を要請したが、明確な真相究明にはいたらなかった。

私のもとにも、日本大使館や政府の関係者から真相解明のため、鑑識捜査の知見に基づくアドバイスを求めてきた。それは被害者の遺体にある銃創から撃った銃を識別できないか、被害者の貫通痕の大きさが有力な手がかりなるのではないかとの考えによるものだった。

発射された銃弾が人体に命中し柔らかい体内に入ると、銃弾が当たった皮膚に空いた穴は元に戻ろうと収縮する。豆腐など柔らかい食材に指を突き刺して抜くと、その穴は再び縮むのと同じである。銃弾が木や金属など硬い板を撃ち抜いたのならば、銃弾の口径を判定することもできるが、人体の銃創の場合は判定困難であると説明し、真相解明は容易ではないことを理解してもらった。

その後もUDDは数千人が参加する集会やデモを連日のように行ない、政府との対立姿勢を強めた。4月末から5月中旬にかけて、デモ隊はバンコク中心部の国家警察庁、ルンピニー公園、サイアムセンター、ワールドトレードセンターなどの周辺地域を占拠、治安部隊や警察とたびたび衝突を繰り返したため、首都機能はほぼまひ状態に陥った。

5月16日、政府は非常事態宣言の対象地域をバンコクほか5県から23都県に拡大し、同19日の早朝から治安部隊によって各所を占拠、封鎖しているデモ隊の強制排除を開始した。とくにルンピニー公園付近ではデモ隊が設けたバリケードを装甲車で破壊して、治安部隊が突入し、再び銃撃戦となった。同日午後、UDDの幹部らがデモ参加者に「これ以上の流血は止めなければならない」と呼びかけ、解散を促したが、デモ隊の一部は市内各所で放火や破壊に及んだため、同日夕に政府は夜間外出禁止令を発出した。翌20日にデモ隊は解散し、騒擾は鎮静化した。

この時期、私はたびたび反政府運動のデモや集会の現場に赴き、監視や警戒活動、また騒擾があった翌日などには現場検証に立ち合っている。ある日のデモの現場で、日本から観光にやって来た若い男性2人がデモの混乱を見物していたところ、暴徒化したデモ参加者の若者グループから暴行されて所持していた金品をすべて奪われる被害に遭った。

この2人が顔面から血を流しながら逃げ惑っているところを私服警察官が偶然見つけて保護したのだが、当然、タイ語がわからないので埒《らち》が明かず、「先ほど彼らを保護したので連れてきました」と、私が待機していた警備指揮所に連れてきた。2人を警察の救護所で応急手当して帰したが、事情を聞くと、市中警備にあたっていた警察官の注意も無視し、興味本位からデモをお祭り騒ぎの野次馬気分で見物していた結果であった。当地の事情に疎《うと》いといっても、このような安全意識も危機感も欠如した日本人の行動はまったく理解できない。

2011年以降は、インラック政権の発足、人民民主改革委員会（PDRC）よる大規模な反政府運動、２０１４年５月の軍を中心とする国家平和秩序維持評議会（ＮＣＰＯ）よる全統治権の掌握宣言で再びクーデターが起り、ＮＣＰＯの主導での新憲法の公布（２０１７年）、８年ぶりの下院選挙と、続くプラユット政権の発足（２０１９年）を経て、タイは５年ぶりに民政復帰した。

これ以降、タイでは大きな政変などは起きていないが、２０２０年１月以降の現在は、世界的な新型コロナウイルス感染症の拡大による影響や、経済の停滞に起因する政治や社会の不安定が顕在化して、今後もこれまでのような混乱が起きる可能性はありうる。

爆弾テロ事件

２０１５年８月17日、バンコク都心部のエーラーワン廟に近いラチャプラソン交差点で大きな爆弾テロ事件が発生した。通行人など20人が死亡、日本人男性１人を含む１２５人が重軽傷を負い、走行中の自動車やオートバイ数十台が破損し、一部が炎上した。

翌18日には、同じく都心のチャオプラヤー川のサトン船着場近くの橋から爆発物が投げられたが、水路に落ちたため死傷者は出なかったものの、水柱が高く上がり、周囲に居合わせた人は大

バンコク市内で発生した自動車爆弾テロ事件の現場検証する戸島氏。

混乱に陥り避難する事件が発生した。

　事件発生直後、私はラチャプラソン交差点の現場に臨場し、鑑識活動を指揮した。警視庁鑑識課勤務当時、連続して発生した「三菱重工本社ビル爆破事件」「大成建設本社ビル爆破事件」（いずれも1974年）などの爆弾事件の捜査に従事し、多くの爆発物の構造や製造方法などの解明にかかわり、タイ警察で勤務してからも、何度か爆弾事件の捜査に関わってきた。

　現場検証から明らかになったのは、炸裂した爆弾にはベアリングなどの金属片が入れられており、不特定多数の人の殺傷を目的として作られていたことだった。犯行の場所や爆発物の威力などからもそれが見て取れた。

　タイ国内のテロ組織による犯行は、タイ特有の仏教の教えと宗教観が背景にあるためか、犯行目的が殺傷ではなく政治的な威嚇や誇示で、爆弾テロの規模そのものは、あまり大きくはなかった。ところが、この爆弾はタイ国内のテロ事犯とは異なり、明らかに外国人の関与が認められた。

テロに用いられる爆弾はほとんど手作りで、その材料も爆薬には農薬、肥料、木炭、硫黄など、容器には金属パイプや消火器の本体などの入手が容易なものが使われる。殺傷力を高めるため爆薬とともに封入される材料も金属片や釘、ネジ、ボルトなどが使われる。このような爆弾は特別な技術や設備がなくても比較的簡単に製造できる。爆弾テロ事件では現場検証によって爆発物の材料などの採取、分析をすれば、タイ国内のイスラム教過激派組織によるものか、国外のテロリストによるものか判別できる。

その後の捜査の結果、防犯カメラの映像や目撃者の証言などから中国・新疆ウイグル自治区出身の男2人が逮捕された。

この事件のように2000年代に入って以降、タイでも一般市民に被害が及ぶテロ事件がしばしば起きている。国際社会・情勢の不安定要因が増している今日、テロ事件はどこの国でもいつでも起きる可能性がある。テロ事件の現場に遭遇したときには、まずは自身の命を守ることが最優先で、テロ事件に限らず事件・事故の現場では、ただちにその場を離れ安全確保ができる場所に避難しなければならない。

私は前述の爆弾テロ事件で臨場した際、多数の死傷者が出ている現場近くで1人の男性がスマートフォンで現場のようすを撮影しているのを見たことがある。制服の警察官が近寄らないように大きく手を振って制止していたが、男はそれを無視して撮影を続けていた。きわめて非常識、無神経な行動であり、私が男のもとへ行き注意をするとそれは日本人の観光客であった。

爆弾テロは、一つの爆弾による犯行にとどまらず、第二、第三の爆弾を仕掛け、最初の爆発で現場に駆け付けた警察官や周囲に集まった人々を狙った二回目、三回目の爆発が起こるかもしれないことも警戒する必要があり、事件現場を興味本位でウロウロするなど決してしてはならない。

海外では銃を使ったテロもしばしば起こっているが、突然、銃声が鳴り響けば、たいていの国の人は反射的にその場で身を伏せるが、日本人は何が起きたのかわからず、呆然と立ちつくしたまま、身を危険にさらしてしまう。日本が平和すぎるのか、ほとんどの日本人はどこにいても自分だけは危険な目に遭うことはないと思っているふしがある。その結果的、危機意識の低さから危険に直面しても適切な行動がとれず、被害者となってしまうのである。

タイの冠婚葬祭

タイで勤務当時、凄惨な事件・事故の現場ばかりではなく、当地の人々の習慣、文化に戸惑い、驚かされたこともたくさんある。その一つが冠婚葬祭事情である。

タイの警察学校や警察士官学校での教務では多くの若い警察官や士官候補生を教えた。彼らはそれぞれの課程を修了するとタイ全国の警察で任務に就き、数年もすると肩の階級章の星や胸の経歴・補職を示す「略綬《りゃくじゅ》」も増え、顔つきも逞しく成長した姿になって、私のもとへ異動や結婚の報告などで挨拶に来ることもときどきあった。

そんな教え子たちや国家警察庁の同僚、部下たちから結婚式に招待されたことも多かった。結婚式はタイ式の婚礼の儀式とそれに続く披露宴が催されるが、日本の結婚式とはだいぶ趣《おもむき》が異なる。特に地方では、それぞれの風習や慣例に則った結婚式が行なわれる。

バンコクから約900キロメートル離れたタイ北部のチェンマイ県の村で行なわれた結婚式では、式は早朝6時から始まるとのことで、前夜に車でバンコクを発って出かけた。そこでは主賓が式を主宰するのが慣例で、花嫁の上司であり、出席者のなかでただ1人の日本人の私が突然、

部下の結婚式に招待され婚礼儀式の進行役を務める戸島氏。

式を司る大役を仰せつけられ、儀式の仲人役や村人の前で挨拶させられるなど、慣れない役目に大汗をかいたことがあった。

田舎の結婚式では屋外の会場に舞台を設け、バンドの演奏や踊りなども加わって賑やかな宴席を催し、近所の者は誰でも自由に入って飲食できる。村を挙げてのお祭りのような結婚式もあり、このような一連の行事が早朝から深夜まで、あるいは2日間にわたり続く結婚式もある。

また、ある部下の結婚式の披露宴は、バンコク郊外の有名ホテルの庭で催され、会場に行くと炎天下の芝生の上に多くのテーブルと椅子が置かれていた。夜ならばともかく、椅子は焼け石のように熱く、数分もすると背中と額に流れる汗も半端ではなかった。タイは暑い国だといっても、気温

38度近い屋外で、日差しを遮るテントもなしに多くの招待客を集めての披露宴とはただ驚くばかりだった。

それればかりか、テーブルに並んでいた飲み物はコーラなどのノンアルコール飲料、食べ物はすべてポテトチップスや菓子の類いだった。私はすぐにホテルのボーイを呼び、冷たいビールを頼んだのだが、隣に座っていたノック警察大尉が「大佐、アルコールはだめです」と頭を左右に振って、小さな声で「新郎新婦はムスリム（イスラム教徒）ですよ」と教えてくれた。イスラム教徒の結婚式では招待者も含めアルコール類は禁止なのだという。

仕方なくテーブル上のコーラをグラスに注ぐと、中身が泡になってグラスから勢いよくあふれた。温かいコーラとポテトチップスだけで暑さと流れる汗に耐えていたが、1時間も経たないうちに我慢は限界に達し、静かに席を立つと同席する同僚たちにはトイレに行くと言って、何とかその場を離脱した。

7夜も続く葬儀

結婚式と同様、タイの葬儀も日本とは異なり、通夜を3日間、7日間、9日間執り行ない、告別式はない。この期間は故人の地位や立場、その家族の経済的な事情などによるが、一般的な家の葬儀では7日間通夜を執り行ない、その後に遺体を荼毘《だび》に付す。

葬儀は寺院で行なわれ、寺院には斎場として使う祭壇を設けた部屋が10室くらいあり、ふつうそれぞれの斎場では10人ほどの僧侶が葬儀を執り行なうので、大きな寺院には150人以上の僧侶がいる。

通夜は午後6時頃から始まり、午後10時頃まで休憩時間を挟んで長い読経が続く。そして、翌日もまた同じように読経が上げられ、これが7夜にわたり続くのである。

私もこの葬儀に参列したことがある。斎場には故人と関係が深い参列者が多くいたが、日本人は私1人で、案内された貴賓席は読経を上げる僧侶の目の前の特別席だった。9人の僧侶と対面で読経の間は両手で合掌した姿勢のままでいなければならず、手を下ろすと隣にいる者に注意をされて、慌てて再び合掌をした。

読経は途中三度の休憩時間があり、葬儀の参列者にはそのたびに食事が供されるので、毎夜、葬儀に参列する者はここで夕食を済ませて帰宅する。数日間の葬儀にともなう経費は、日替わりで喪主、故人の職場、友人、縁故者などが負担することになっている。葬儀に読経する僧侶には毎夜、1人500バーツ（約1500円）のお布施を渡す。

火葬当日、参列者は紙の造花を棺に手向けて故人と最期の別れをする。荼毘に付すため棺を運ぶ際には、火葬場の階段の上から喪主が小銭を撒く。このときは故人とは関係のない寺の近所の人々も多く集まり、そこへ焼いた肉やスルメなどを売る屋台もやって来て、しまいには葬式かお祭りかわからなくなってしまう。

火葬後、遺骨はすべて川や海に散骨する。山間部では山の古い大樹の周りに散骨するのが慣わしでタイ人には墓はない。先祖や故人がいるのは寺院であると信じて、事あるごとに参拝する。家には仏壇はなく、家の前に小さなお盆に載せられた食べ物の供物とともに線香を焚いて供養する。住宅街の路地などで供物が置かれ、線香の煙が立ち上っているのをよく目にした。

タイでは多くの葬儀に参列するのは徳を積むこととされている。私もタイ人警察官の同僚や知人の親族など面識のない故人の葬儀に何度か参列したが、いつも延々と続く通夜の読経の途中で退席することもできず疲れ果てて深夜に帰宅した。こんな葬儀に2、3日も続けて出るとすっかり生活のリズムを乱されてしまう。タイの冠婚葬祭に出席するのは相応の覚悟と体力が必要だ。

子供たちの名付け親

20年あまりのタイ勤務で私が指導した若い警察官たちの多くは、今では国家警察庁の幹部やタイ全国で警察署長などの要職を務めている。タイ警察の同僚や部下たちなどからしばしば冠婚葬祭に招かれたのは前述のとおりだが、彼らが結婚し、子供が生まれると「名前を付けてほしい」と頼まれることがよくあった。

タイ人の名前は、日本と逆で名＋姓の順で表記されるが、出生時に命名される「チューヂン」という正式な本名と併せて「チューレン」という、いわばニックネームも名付ける。タイ人のほとんどはふだん、このチューレンを名前として使用する。これらの名前は親のほかにも、その家族と縁《ゆか》りの地位のある人物や僧侶に付けてもらうことも多い。そんな習慣から私もこれまで十数人の子供たちのチューレンの名付け親になった。

男の子には男らしい名前を、と考え「ハヤト」「リョウマ」「イサム」などと付けた。女の子には私の世代では一般的な「カズコ」「サチコ」「シノブ」などと付けたが、今から思うと場末のスナックの名前のようでもあり、もうちょっと可愛らしいものにすればよかったかもしれな

若い警察官から名付け親を頼まれ、その数は十数人に及び、いまも子供たちから慕われる。

い。

この子たちは、誕生日や小・中学校に入学した折などに両親に連れられ、よく私のもとへ挨拶にやって来たので、ふだん持ち歩くカバンや執務室の机の引き出しの中には、いつも祝儀袋を用意していた。今では皆、成長し高校生や大学生になっており、父親と同じ警察官になった子もいる。

あるとき、日本のテレビ局のニュース番組から取材を受け、そこでは私の「タイ警察の日本人鑑識捜査官」としての活動や日常とともに、部下のリレー警察中佐夫妻と、その長女で私が名付け親になった「カオリ」ちゃん（当時4歳）も紹介され、ナレーションでは、ほかにも何人かの子供たちの名付け親になったことも付け加えられていた。

これが日本で放映されてしばらくすると、日本の知人たちから電話や手紙が来て、「戸島さんによく似ていた。娘は可愛いでしょう」「おめでとう。タイでお子さんが生まれたんだね」などとあらぬ誤解を受けることになってしまった。妹からは「お兄さん、子供ができたのは仕方ないけど、私にはちゃんと言ってください」と電話口で問い詰められる始末だった。

私はそのたびに一生懸命、事情を説明したが、誤解を解くのにずいぶん苦労した。誓って私は潔白である。

〈インタビュー3〉

〝警視庁特命係〟が垣間見た重要事件犯人の素顔

――警視庁時代には多くの重大事件・事故の捜査も手がけていますが、特に印象、記憶に残っている事件、出来事はありますか？

（戸島）忘れられない事件・事故はいくつもありますが、これまでに書いたり、話したことがない出来事を明かしましょう。その一つは、1986（昭和61）年に発生した「トリカブト保険金殺人事件」にまつわる話です。

のちに逮捕された犯人、Kの疑惑がメディアで報じられるようになった1990（平成2）年、テレビのワイドショー番組で、福島県内の植物店の店主がKらしき男に大量のトリカブトの鉢植えを売ったと証言しました。警視庁ではかねてからKの疑惑に関する報道を注視していました。そこで私は捜査課幹部から裏付け調査を命じられ、捜査課員2人とともにその植物店を訪ねました。店主からトリカブトの仕入れ先である農家を聞き出し、さらにそこからトリカブトが自生しているという場所を教えてもらい、現物を手に入れるため那須高原の山中に採取に行きました。クマ笹が茂る沢沿いに紫色の花を付けたトリカブトを見つけました。周りの植物には蜘蛛の巣が絡まっているのに、トリカブトが生えているところだけは、それがないのが不自然でした。トリカブトを根元から抜いて持ち帰りましたが、当時はトリカブトについて知識がなかったので、これで人が殺せるのかなと思いました。

帰りの車中で同行した捜査員がたばこを吸うのですが、一服二服ですぐに灰皿にもみ消し、それを何度も繰り返していたので、「どうしたんだ?」と聞くと、「たばこの味がへンだ」と言うのです。途中、ドライブインに寄ってコーヒーを飲んだのですが、私たち3人とも口がしびれて味がおかしいのです。幸いその後、体調に異変をきたすことはありませんでしたが、のちに素手でトリカブトの葉に触れたからだと知りました。それほど強い毒性があることを毒物の専門家から聞かされました。

このあと、科学捜査研究所で持ち帰ったトリカブトの根をおろし金ですり、それをビーカーに入れ加熱し、水分が蒸発すると黄色い糊状の固まりが残ります。それをラットに与えるとすぐ死んでしまいました。このような実験によって比較的簡単に毒物を取り出すことができると確認できたのです。

また、Kがフグを大量に購入していたこともわかり、今度はフグを入手するため、三浦半島のある漁港に出向きました。そこの漁業協同組合の協力でフグを手に入れ、トリカブトと同様に毒の抽出と実験を行ないました。これらはKの犯行であることを裏付けるための、いわば「先行捜査」の一環だったのです。

こうして、いよいよ容疑が固まったことから、警視庁はKを別件の「横領事件」の容疑で逮捕しましたが、〝本丸〟は「保険金殺人事件」なので、さっそく、先の植物店の店主を呼んで〝面通し〟をしました。警視庁の一室にKのほかに年齢や背格好が似ている捜査員5人集め、Kを含めて全員に同じジャージを着せて並ばせました。そして順番に「私がKです」と言わせて、そのようすを植物店の店主に見せて、トリカブトを買った者を確認してもらったところ、Kは「私はKではありません」と言ったのです。店主はすぐに「トリカブトを買ったのはこの人だ！」と特定してくれました。自ら墓穴を掘ったようなものです。同じようにKがフグを買い求めた業者にも面通しした結果、やはりKであることが確認できました。さらに捜査を重ね、この1か月後にKを「保険金殺人」の容疑で再逮捕しました。

もう一つ、強く印象に残っているのは、昭和から平成にかけての時期、世の中に衝撃を与えた、東京と埼玉で起きた「連続幼女誘拐殺人事件」にまつわる出来事です。

1989(平成元)年に犯人のMを逮捕した警視庁は、取り調べを進めるとともに、まだ発見されていなかった被害女児の遺体を探していました。Mの自宅近郊の秋川渓谷周辺などで本人を同行させて捜索したことがありました。ちょうど夏だったので、河原では家族連れなどがバーベキューをしており、そこにマスコミのカメラが遠巻きにするなか、容疑者をともない何人もの捜査員が現れたので、居合わせた人たちは驚いて、そそくさと飲み食いを切り上げて立ち去っていきました。

そんな捜索を3日間ほど続けていたところ、Mは女児の遺体を遺棄した場所について話し始め、供述の確認のために東京・奥多摩町の山林に向かいました。移動中の車内ではMと雑談を交わしながらも嘘は言っていないか、表情などを注意深く観察していました。

供述の場所に到着し、本人に案内させながら山道を歩いていくと、斜面の上の大きな木、たぶん、ねむの木だったと思いますが、Mはそれを指差しました。そこで私は、おそらく45度くらいの傾斜があった急斜面を登っていきました。すると、Mが示したとおり、木の根元に人のものとみられる骨があったのです。「おーい、あったぞ!」と振り返ったとたん、私は足を滑らせ、数メートル下にいたMとほかの捜査員のところまで滑り落ちてしまいました。危うくその先の斜面まで一気に転落するところでしたが、そのとき、とっさにMが手を差し出して止めてくれたのです。

捜査員たちは「危ないところだった。Mのおかげで助かりましたね」と言ったのです

警視庁鑑識課に30年以上も勤務し、三島由紀夫割腹事件以来、多くの重要事件の捜査に関わった。ときには特命係として先行捜査にも従事した。日本とタイでの警察官人生は60年に及ぶ。

が、私はこの失態に気恥ずかしくなって「助けてもらわなくてもよかったよ、自分で止まれたよ」と、Mの顔を見ながら言うと、「でも、僕が助けなかったら、もっと下まで落ちちゃったでしょう」と、いつもはどこか虚ろな眼差しだったMが、珍しく私の目を見ながら言いました。

この捜索で、被害女児4人の遺体や遺骨の行方がすべて判明しました。捜索中、Mには「すべて本当のことを話してくれれば、あとは君の話は何でも聞くよ」と言っていました。この日、帰りの車内でMが私に「一つお願いがあるんです。もうじき運転免許証の更新があるんですけれど行かせてくれませんか」と言ったのです。思いもよらない言葉に、ほかの捜査員たちもびっくりしていました。私は「わかった。話だけは聞いておくよ」と答えてやりました。

平然としているMを見ながら、「自分のやった犯行にはまったく向き合うこともなく、免許証の心配をしているこの男は、何を考えているんだろう」と思いました。異様な事件を起こした犯人の理解不能な心の中を垣間見たような気がしました。

これらの事件以外にも、本来業務の鑑識捜査ではなく、捜査課の幹部などから直々に「先行捜査」や「特別任務」に指名されたことも多くありました。つまり〝警視庁特命係〟というわけです。

　警視庁内の記者クラブにはメディア各社の記者が詰めていて、いつも捜査課のようすを見ているので、捜査課員たちが動くと目立ちます。極秘に捜査を進める必要があるような場合には、私がしばしば呼ばれました。鑑識課の私ならば記者たちに何かを嗅ぎつけられる心配がないからです。でも、記者のなかには顔見知りもいて、ある新聞社の記者とは親しくしていたので、よく自宅まで訪ねて来て「いま、何の捜査で動いているんですか？」と取材を受けたこともありました。もちろん、当たり障りのないことしか答えませんでしたが、許される範囲で「独自情報」を明かしたこともありました。

第5章 〝仏の国、天使の都〟にも犯罪はある

異国での生活習慣の違い

ここからは、タイを訪れたり、在留・生活する日本人が安全に滞在し、トラブルを回避するのに役立ちそうなことを、私がタイで実際に遭遇した出来事や事例を交えて紹介していきたい。

タイに限らず、どこの国にもそれぞれ特有の風俗・習慣があり、また宗教、法律の違いもあるので、それらをよく理解しておくことは外国に滞在するうえでの基本だ。

タイは仏教国であり、タイ人は仏教をとても大切にしており、街のいたる所で寺院や仏像を目にする。観光旅行のコースには必ず寺院が含まれている。タイ人にとって寺院は神聖な場所で、

参拝の際にはどんなに暑くても、短パンや肌が多く露出した服装は禁じられている。観光客も例外ではなく、そのような軽装で王宮や寺院などに参拝することは許されない。また、バスや渡し船などで僧侶と乗り合わせることもよくあるが、そのとき、女性の身体はもちろん、衣類や持ち物が僧侶に触れることは厳しく禁じられており、近くにいる場合には離れなければならない。

早朝の街角で、托鉢に出た僧侶に人々が地面に素足でひざまずき、食べ物を寄進する光景をよく目にする。これは「タムブン」という仏教の教えに基づいており、僧侶への寄進に限らず「善行と功徳」を積むという仏教の枠を超えたタイ人に共有、大切にされている考え方で、日常生活のなかに広く浸透している。タイでは僧侶は人々からとても敬われている。

タイの憲法では、国王は神聖不可侵の元首であり、政治的には中立であるが最高の権限と権威を有し、事実上、仏教界、軍隊、官僚、政党、国民に大きな影響力があり、同時に国民から敬愛される存在でもある。

私がタイ勤務当時はラーマ9世、プミポン国王（2016年逝去）で、1992年、その前年に起こった軍事クーデターに反発した民主化運動が激化、抗議デモに参加した市民を軍隊が発砲して鎮圧した事件に際し、事態の悪化を憂慮したプミポン国王が、軍事政権のスチンダー首相と民主化運動指導者のチャムロンを玉座の前に正座させ、「国民のために双方とも対立をやめて事態を収拾せよ」と叱りつけ、一夜にして騒擾を鎮静化させた。このときのようすはニュース映像で世界中に流れ、国王の〝威光〟を広く知らしめたのを覚えている人も多いだろう。

現在はラーマ10世、ワチラロンコーン国王（2016年即位）で、国王と国家に敬意を表すために毎朝8時と夕方6時になると、テレビやラジオの放送をはじめ、官公庁、駅や公園、学校など公共施設のスピーカーから国歌が流れる。このときは街を歩いている人々もその場に立ち止まり、姿勢を正して国歌が終わるまで不動の姿勢をとる。

映画館では上映前に必ず国歌が流れ、国王の姿がスクリーンに映し出される。観客は全員その場で起立し、薄暗いなかで不動の姿勢を崩すことなく国王を見つめる。観光客が座ったままでいると、外国人であっても周りの者から厳しく注意される。起立して姿勢を正し、周囲と同様に儀礼が終わるのを待たなければならない。

ツーリストポリス

タイは日本人にとって年齢、男女を問わず人気の観光旅行先の一つである。しかし、往々にして日本人は外国に来ても、日本との生活習慣の違いも忘れ、自分はしっかりしているから大丈夫だと過信して事件・事故に巻き込まれたり、トラブルを起こすことが後を絶たない。

旅慣れた者や若者のなかには、深夜のネオン街や治安のあまりよくない場所をうろうろ出歩いている者もよく目にする。

そんな危機感のない日本人の姿を数多く見てきたタイ国家警察庁の「観光警察（ツーリストポリス）」幹部、ウィラー警察中尉は「突発的に起こる事件や事故に彼らは即座に状況を判断し対応できるのか」と、その危険性を指摘する。ウィラー中尉はこれまで多くの観光客のトラブルや事件・事故に対応し、夜遊びしている観光客を一目見ただけで、犯罪被害リスクがあるかどうか察知できるという。

ツーリストポリスとは、タイ国家警察庁中央捜査本部に置かれた外国人観光客が関係する事件・事故への対応や処理の専門組織である。スワンナプーム国際空港をはじめ、各地に観光警察署が設けられ、英語、日本語、中国語など数か国の言語に対応できる警察官を配置、24時間対応している。外国人対象の観光産業が国の主要産業の一つになっているタイ特有の治安機関であり、当地に滞在する外国人にとって心強い存在になっている。

かつては、夜の盛り場などで地理もわからず、言葉もわからないなかで、事件事故の被害に遭う日本人観光客は男性がほとんどだったが、最近は若い女性も多くなった。日本人は海外に出ると、旺盛な好奇心から慣れない街でも、平和な日本と同じ感覚で何の警戒心もなく、危険な場所で犯罪者たちの格好の〝カモ〟になってしまう。残念ながら、犯罪者たちのあいだでは日本人のガードの甘さは世界的な共通認識なのである。「水と安全はタダ」というのは日本国内だけの話であって、海外ではお金を払ってでも安全の確保をしっかりと考えないといけない。

被害をどうやって知らせるか

外国滞在中、何らかのトラブルに遭ったり、事件・事故の被害者になった場合、その通報や相談の窓口が当該国に所在する在外公館（大使館や領事館）だと誤解している日本人が多い。タイでもバンコクの日本大使館には、このような日本人からの通報や相談が頻繁にあるが、落とし物や盗難被害などを相談しても大使館は相手にしてくれない。「大使館に電話をしたのだが、対応してくれなかった」という苦情や不満をしばしば耳にする。

大使館は事件・事故被害者の〝駆け込み寺〟でも〝救済所〟でもない。当然、事件・事故の第一の通報先はすべて地元の警察である。

事件・事故の被害に遭ったり、巻き込まれた際は地元の警察への通報のほか、被害者の死亡や負傷など、日本への連絡を必要とする事案は日本大使館領事部邦人援護班への通報、相談も必要となる。日本人同士の事件・事故、たとえば殺人、誘拐、行方不明などの重大事案は、やはり邦人援護班が対応するが、事実関係や被害を証明してもらうためには地元の警察に捜査や対応を求めなければならない。一方、日本人同士の詐欺、金銭トラブルなどに関しては、地元の警察に訴え出ても、「当事者間で解決しろ」と言われることになる。

タイには前述したように、外国人のための観光警察（ツーリストポリス）がある。タイ語や英語などが苦手でも、最初に「Japanese」と告げれば、日本語担当の係に電話をつないでくれる。通報の内容によって、ツーリストポリスではなく所轄警察署が処理すべき事案の場合は、通報先やその要領などについて説明、連絡なども代行してくれる。

狙われる日本人

タイの日本大使館領事部への在留邦人の届け出数は約8万1０００人（２０２０年10月現在）で、そのほか短期滞在の在留届のない者が約３万人となっており、２０２１年現在、約10万人の日本人がタイに在留しているとされ、タイ在留外国人数で日本人が第４位となっている。また、観光などタイへの日本人渡航者は2019年に180万人に達し、過去最高を記録したが、新型コロナウイルス感染症の拡大の影響で2020年は約35万人にとどまっている。

バンコクの商業中心地、スクンビット通りの32番地から67番地には日本語の看板を掲げた各種の商店や飲食店が並び、異国にいることを忘れさせるかのようだ。多くの日本人がここを訪れ、買い物や食事などを楽しむ地域の一つである。この一角にある大型食料品店、「フジスーパーマーケット」の店内に並ぶ日本の食料品は、ない物はないというくらい豊富な品揃えである。毎日、多くの日本人在留者とその家族などで賑わい、タイ人とは量も質も比べものにならない消費生活を象徴するかのようである。

在留日本人に雇われている社用車、私用車のタイ人ドライバーは、事あるごとにドライバー仲間に雇い主の生業《なりわい》や暮らしぶりの話をするので噂はすぐに広がる。雇い主がいつも大金を持ち歩いているという話は、次々にタイ人の間に伝わり、ときに素行の悪い者たちの耳に入る。

話を聞きつけた者たちは身近で現金が手に入ると安易に犯行を企み、夕刻の買い物帰りの日本人を狙い、スクンビット一帯の高級住宅街でターゲットが現れるのを待つ。彼らはオートバイに2人乗りで買い物帰りの主婦や子供らの後をつけ、オートバイのライトを消して静かに接近し、ターゲットが肩や手に提げているカバンや袋を後席の男がひったくる。被害者が抵抗したり、なかなか持ち物を放さない場合には鋭利な刃物でカバンなどの紐を切って逃走する。

新型コロナウイルス感染拡大以降、各地で職を失った多くの若者が日々の生活に困って、このような犯行に及ぶケースが増加しているという。

日本人の気質や特性もあるのだろうが、日本人は外国に来ると、どうしたことか人の言うことをすぐに信じてしまう。タイに限らず外国では、そうした日本人を狙う輩《やから》がどこにでもいて、ターゲットを探していることを忘れてはならない。

夜の盛り場で楽しい思いを期待して、客引きの言葉を安易に信用したため高額な飲食代を請求されたり、ショッピング中にうまい話を持ちかけられ、騙されたあげく、あとで泣くことになる。私はこれまでタイ警察で数多くのトラブルを扱ってきたが、このような日本人観光客を警察署で幾度となく目にしている。被害者の日本人は、その場で何とかしようにも言葉が通じないので、どうしても分が悪い。

バンコクの日本大使館の発表によると、2020年にタイ国内で日本人が被害に遭った届け出は124件となっている。日本大使館ではホームページやSNSなど、さまざまな手段で情報発信と注意喚起をしているが、日本人の犯罪被害はなかなか減らない。

スリ・置き引き

タイで日本人が被害に遭う事犯で最も多いのが、空港、飲食店、商店やショッピングセンター、繁華街などでのカバンやキャリーバッグなどの置き引きとスリである。スリにはカバンを鋭利な刃物で切り裂き、財布やパスポートなどを抜き取る荒っぽい手口も少なくない。

買い物を目的に海外旅行に出かけるのは、おそらく日本人と中国人がその数で肩を並べるだろう。世界一安全な国に暮らす日本人は犯罪被害に遭う経験も少なく、警戒心が薄いことから海外では犯罪者たちにとって格好のターゲットになることが多い。

バンコクでも観光客や人の多いショッピングセンターや繁華街などには〝カモ〟が現れるのを待つスリ犯が必ずいる。タイに限らず、旅先でのショッピングや飲食などの場で、大きく分厚い財布から金を出し入れする日本人観光客をよく目にする。日本人以外の外国人観光客も買い物は大好きだが、彼らは分厚い財布を持ち歩くことはないし、人前で財布を見せることはあまりない。買い物するときは、ポケットから裸の紙幣を出して支払いをする。私の経験からもタイにおいて日本人以外の外国人のスリ被害報告は、あまり耳にしたことがない。

スリ犯は、買い物に気を取られて、周囲への注意が散漫になっている者を的確に選ぶと、あとをつけ回し、犯行に最適なタイミングを見計らう。スリは犯行の手口にそれぞれ個人の特徴があり、犯行の場所や手口をあまり変えないので、捜査ではそれらの手口から犯人を割り出すこともある。

タイ警察が逮捕したスリの容疑者を取り調べてみると、タイ人のスリ犯は少数で、多かったのは中近東や西アジアから来たアラブ系、インド系の外国人の単独犯や集団である。

そのなかには女性のスリ犯もいて、彼女らは駅やデパートなどの長いエスカレーターなどを主な仕事場にしていた。その犯行手口は、2人組の犯人の1人が長い民族衣装をヒラヒラさせながら下りのエスカレーターで降りていく。ターゲットとなる日本人旅行者の夫婦や年輩者などの後ろから実行犯が近づき、ターゲットの前後を挟む。

すると、まず前の女がつまづいたふりをして転倒する。ターゲットがそれを避けようとしたとき、後ろの女がターゲットを背後から押して、将棋倒しのアクシデントに見せかけ折り重なり倒れる。すぐに女たちは転倒したターゲットに手を貸して助けたり、起き上がるのを手伝ったりしながら、その隙に財布や金品を抜き取るのである。

警察ではこのような犯行の手口を公開するとともに、実際に犯行が多発した場所のエスカレーターの付近に張り込み、スリ犯グループを逮捕したこともあった。

駅や地下鉄での被害

スリの手口を知れば被害の予防につながる。ズボンの後ろのポケットに入れた財布は抜き取りやすいのは容易に想像がつく。財布などは上着の内ポケットに入れるだけでスリを防止できる。スリ事犯の多くは被害者にも油断があるのだ。

当地で日本人がスリに遭うのは、バンコク市内を走る高架鉄道（ＢＴＳ）内が最も多い。乗降客で混み合うサイアム駅や地下鉄との乗り換え駅のアソーク駅、プロンポン駅、トンロ駅などで被害が多発している。ある日本人はアソーク駅からプロンポン駅の1区間の乗車中に被害に遭った例もある。

あるとき、日本人から電車内でスリ被害の届け出があった。混雑した車内で不自然に体をすり寄せてきた外国人と思われる男がいて、被害者は下車直後、かばんから財布が抜き取られたのに気づいたとのことだった。財布の中のクレジットカードは犯行があったと思われる時刻の30分後にはデパートで使用されていた。防犯カメラが捉えていた映像から捜査の結果、逮捕した犯人は外国人ではなく日本人であった。

この犯人に限らず、スリ犯は日本人がほかの外国人よりも多額の現金を持ち歩いていると見ている。また、もしもその場で犯行に気づかれたりしても、被害者の日本人は言葉の問題から周囲に知らせたり助けを求めることもできず、警察への通報や届け出がスムーズにできないことを知っている。

知らない人に財布を見せない

誰でも街角で見知らぬ人から道を尋ねられることが、一度や二度はあるかもしれないが、海外で見知らぬ人から「両替して欲しい」とか、何かを「見せて欲しい」などと声をかけられることはまずないだろう。それを何も疑うこともなく応じてしまえば、何らかの犯罪被害に遭うのは目に見えている。両替所は街のいたるところにあるのに、なぜ日本人観光客にわざわざ頼んでくるのか、少し考えればおかしな話である。

私の体験でも、バンコク市内で知人と会食の帰路、高架鉄道から下車して駅の改札を抜けた直後、背後から1人のアラブ系の40歳過ぎくらいの男が笑顔で声をかけてきた。男は「シイロム通りへはどう行けばよいのか」と尋ねてきた。駅員に尋ねればよいのに、あえて私たちの後をつけてきて道を尋ねるのは絶対におかしい。そう感じた私はタイ語で「そのようなことは駅で聞け」と厳しい口調で返事をすると、男は慌てて立ち去った。

その後、この男に似た者が日本人旅行者に「日本へ行くので、日本のお金を見せてください」と片言の日本語で声をかけ、これに応じたところ財布から現金を抜き取られたという被害届が複数あった。犯行があった場所で捜査員が張り込みをしたところ、数日後、日本人に声をかけている男を現行犯逮捕した。逮捕されたのは、やはり私に声をかけたあの男であった。取り調べると、かなりの余罪があることも明らかになった。

また、カナダ人を自称する男やアラブ系のカップルから声をかけられ、「日本のお金が見たい」と言われ、同様の手口による被害の届け出もあった。

日本人はすぐに相手の言うことを疑いもせずに目の前での犯行にも気づかず、被害者となってしまう。タイ警察の捜査員に聞くと、被害に遭ったのはほとんど日本人だということで「日本人はお人好しで警戒心があまりにもなさすぎる、これも国民性なのでしょうか。ほかの外国人は見知らぬ者から声をかけられても自分には関係ないと相手にしない」と、見ず知らずの言葉もよくわからない者に、なぜ簡単に財布や現金、パスポートまでも見せてしまうのか、そして、別れるまで現金が抜かれているのをまったく気づかないことを不思議がっていた。

いかさま賭博の被害に遭った日本人女性

私の職場だったタイ国家警察庁はバンコク中心部にあり、繁華街のサイアムセンター、ラチャテーピーエラワン、伊勢丹デパートがあるワールドトレードセンター（現・セントラルワールド）に近く、日本人観光客も多い地域である。

1人で観光に訪れた若い日本人女性はワールドトレードセンターへ買い物中に突然、こざっぱりした身なりの中年の女から「日本人の方ですか？」と片言の日本語で声をかけられた。「じつは妹が今度、日本へ勉強に行くことになったので日本のことを聞かせてくれませんか」と言い、「妹は自宅にいるので来てください」と言葉巧みに誘われるままに、この女といっしょにタクシーに乗り込んだ。

30分ほどでその自宅と称する家に着き、部屋に通されると、そこでは数人の中年男女がトランプをしていた。ところが娘はおらず、買い物に出ているると言いうので、待っていると、1人の男から声をかけられ、「妹さんが戻るまでトランプ遊びでもしましょう」と誘われた。いったんは断ったものの、男は遊び方を丁寧に教えてくれ、ポーカーのようなゲームを始めたところ、勝ち続け、気を良くした女性は誘われるままに金を賭けてゲームをすることになった。しかし、次第に負けはじめ、気が付くと数時間が経っていた。

外出した妹はとうとう姿を現さず、帰ろうとすると男たちから、ゲームで負けた金を支払えと脅され、はじめて騙されたことに気がついた。手持ちの現金を渡したが、さらに無理やり街の貴金属店に連れて行かれ、クレジットカードで約100万円相当の金製品を買わせ、それを取り上げるとようやく解放された。

所持金をすべて巻き上げられてしまった女性は、近くにいた交通整理の警察官を見つけ、被害を訴えようとした。ところが言葉もわからず対応に困った警察官は目の前にある国家警察局の私のもとへ女性を連れて来たのだった。被害女性は28歳、東京のある商社で働いており、タイへの旅行は二度目とのことだった。

これと同様の事犯はすでに何件か被害届けが出されていたが、被害者が観光客ですぐ帰国してしまい、所轄署も詳細を把握できずに困っていた。それから数か月後、またも警察官が被害に遭ったという別の日本人女性を連れて来た。

似顔絵捜査

その被害にあった若い日本人の女性の話を聞くと、どうやら場所や最初に声をかけてきた女もトランプをした男も、すべて前の一件と同じ者たちによる仕業に間違いなさそうだった。そこで私はこの犯人らの似顔絵を作成することにした。警視庁で数多くの似顔絵捜査を手がけてきた私はこの事件も犯人を検挙できる確信があった。私の執務室で被害女性から聞き取りをしながら、1時間ほどで男女1人ずつの似顔絵を仕上げた。

それから数日後の日曜日、私は作成した似顔絵を持って私服の捜査員5人とともにワールドトレードセンターの広場で張り込みをした。開始から1時間ほど経った頃、似顔絵によく似た女が現れ、誰かと待ち合わせのようにあたりをウロウロし始めた。少し離れた位置にいる捜査員の1人がニヤリと目で私に合図しながら、手にした似顔絵の紙をひらひらとさせた。

行き交う人たちはタイ人以外では日本人、次いで中国人が多く、白人の観光客はあまりいない。続けてようすを窺っていると、似顔絵の女は日本人の女性観光客を見つけると次々と声をかけている。しかし、なかなかターゲットが見つからないようだった。

しばらくすると、日本人の若い女性が伊勢丹デパートから出てきた。すると、女はニコニコしながら女性に近づき親しげに声をかけた。ターゲットを誘い出すのに成功したのか女がどこかと携帯電話で通話を始めた。

私は手を上げて数回小さく振った。容疑者確保の合図だ。近くにいた捜査員たちが一斉に駆け寄り、静かに女を取り押さえた。その後の取り調べと捜査で、ターゲットを探して誘い出す役のフィリピン人の女といかさまトランプ賭博で金品を奪った男ら数人を逮捕した。犯人らの余罪は多く、1年近く前から同様の手口で犯行を重ね、被害者は一人旅の日本人女性が8割を占めていた。

宝石詐欺

ワールドトレードセンターなどの繁華街では、日本人観光客を狙った事犯がとても多く、被害が多発していたのが偽物の宝石を高く売りつける詐欺事犯である。

ある日本人夫婦はバンコクの代表的なショッピングモールのマーブクロンセンター（MBK）の宝石売り場で品定めをしていたところ、身なりのよい優しそうな中年のタイ人男性から日本語で「宝石ならばここよりもっと安く買えるところがありますよ」と声をかけられた。言葉巧みな誘いに乗ってしまった夫婦は男とともにトゥクトゥク（観光用の3輪オートバイのタクシー）に乗って20分ほどの雑居ビルのような建物の一室に案内された。

中に入るとたくさんの宝石が並べてあり、そこで1万8000バーツ（約5万円）ほどの「ルビー」を買った。その後、指輪に加工するために別のショッピングモール内の貴金属店に持ち込むと、それは「ただのガラス玉だ」と告げられたという。

観光客を狙い偽物の宝石を売りつける詐欺犯グループがいるのは間違いないことから摘発することになり、後日、私は囮捜査をすることにして、私服の捜査員6人をともなってマーブクロンセンター3階の宝石売り場で張り込みを開始した。すると数日後、被害者たちから聞いたのと同じような風体の男がニコニコしながら近づいてきて、「いいものがありましたか」と声をかけてきた。私は「日本から宝石の買い付けに来た」と言うと、男は「それではもっとよい品があるところに案内しましょう」と言い、男は行き先も言わず私をトゥクトゥクに乗せた。

私は男に気づかれないようにあらかじめ決めていた合図を離れた場所から監視していた捜査員たちに送った。提げていたカバンには金が入っているように見せかけていたが、万一に備え拳銃を忍ばせていた。もちろんほかの捜査員たちにも拳銃を携行させていた。

連れて行かれたのはトファランポーン駅近くのビルで、着くと私は建物の位置や危険な状況になった場合の逃げ道を頭に入れた。

私が招き入れられた部屋には3人の男がおり、布が敷かれたテーブルの上にさまざまな「宝石」が並べられ、すでに日本人と中国人らしき客が10人ほどいた。私もほかの客たちにならって、布の上の「宝石」を手にして品定めするのを装ったが、それらが本物か偽物かは判別できない。そのとき、私のポケットの携帯電話が鳴った。電話に出ると、それは分散してバイクで私のあとを追跡していた捜査員たちが全員到着したという知らせだった。

私はばれないように短く摘発着手を告げた。すぐさま捜査員たちと制服警察官7人が室内に飛び込んできた。男らと客の全員にそのまま動かないように告げ、彼らを素早く取り押さえた。カメラで現場を撮影しながら見ると、宝石はやはりすべてが偽物のようだった。警察署で彼らを取り調べた結果、多発していた宝石詐欺事犯はこのグループによるものだった。

映画『戦場にかける橋』の泰緬鉄道が走るカンチャナブリや北部のチェンライなどでは、街中に宝石などを売る露店もたくさんある。そこには本物の宝石もあるが偽物も多い。逮捕した犯人グループはそのようなところから大量に偽物のルビーを仕入れていたと供述した。

パスポートの値段

パッポン、タニヤ、スクンビットなど、バンコクの夜の歓楽街で日本人を狙う事犯もたいへん多い。客引きについて行った飲み屋で法外な飲食代を請求されたり、店から連れ出した娘のような女性にいいように金を巻き上げられたり、金品を盗まれるなどの被害が後を絶たない。それでも何かあっても自己責任で解決できればよいが、なかには警察に泣きついてくるケースもある。

夜の歓楽街で旅の開放感とほろ酔いでいい気分になった日本人男性が訪れた店の若い女性を連れ出した。「お腹が空いたのでおいしいお店に案内する」と彼女が言うままについていくと、大通りから裏路地に入ったところで、彼女は携帯電話で何やら話はじめてなかなか終わらない。

人通りもまばらになったところで前方からバイクが近づいてきた。すれ違いざまにバイクを運転していた男は男性が手にしていたバックをひったくると、凄い勢いで走り去った。連れの彼女は驚いたように「キャー」叫び、どさくさにまぎれ逃げ出した。バッグにはパスポートと現金約20万円が入っていた。

男性は被害届を出した警察から、連れ出した店の女もひったくり犯とグルで、犯行のしやすい場所に来たところでバイクの男を携帯で呼んだのだと聞かされた。パスポートの再発給などの手続きのため、日本大使館領事部に行くと、ここでもやはり日本人のパスポート盗難被害が多く出ていることを聞かされたという。

タイでは、現地ガイドが観光客からパスポートを預かり、盗難と偽って〝闇社会〟の者に売ったりすることもある。タイ警察によると、闇社会の者たちの間では、世界的に信用度の高い日本のパスポートは一冊18万バーツ前後（約50万円）ほどで取り引きされているという。当然のことだが、外国滞在中、パスポートは命の次に大切にしなければならない。パスポートは基本的に持ち歩かずに、所要のページをコピーしたものを携帯することが盗難、紛失を防ぐ最もよい手段である。

また、日本人を狙ったこんな事件もあった。事件の発生場所は繁華街のスクンビット通り周辺の路上である。1台のタクシーがハザードランプを点滅させて停車していた。タクシーの後部座席には30代後半とおぼしき派手な服装の美人が乗っていた。

すると、そこを中年の日本人男性が通りかかり、女は窓からその男性に手招きをして片言の日本語で声をかけた。男性は立ち止まりタクシーに近づくと、女はドアを開け後部座席に乗るように促した。

女は大きなバンコクの地図を膝の上に広げ、地図の上を指差しながら話しかけてくる。言葉も地理もわからない男性は、困惑しながらも熱心に女の話を理解しようとするが、結局、わからずじまいのまま、女は笑顔で片言の日本語で礼を言い、男性が後部座席から降りると、タクシーは走り去った。残された男性は、そこでズボンのポケットから財布がなくなっていることに初めて気づいたのである。

これと同様の手口で日本人男性が現金やパスポートなどが盗まれた被害届がひと月の間に数件続き、日本大使館領事部では注意喚起の情報を発出していた。被害届を受けた所轄署の捜査員は、「本当に地理を尋ねるのならば、乗っているタクシーの運転手に聞けばよいだけなのに、そんなことすら日本人男性はなぜ気がつかなかったのか、こんな手口に引っかかるのは日本人だけだ」と首を傾げていた。

住まいの防犯対策

タイに駐在勤務などで長期滞在する際、まず考えなければならないのが生活拠点となる住まいである。一般的に在留邦人が住まいに選ぶのは、マンション・アパート、コンドミニアム、長期滞在用ホテル、戸建て住宅などになるが、いずれにしても重要なのはセキュリティー（防犯）対策である。住まいを選ぶ際には安全上、人任せにはせず、次のような点を自分の目でよく確認してから契約をすることが大切である。

●周辺の道路などに照明（街灯）がない、あるいは少ない地域の住宅は避ける。
●常駐の警備員、防犯・防火設備、非常階段など火災時の避難経路の有無や状態。
●高層マンション・アパートは安全性が高いと油断しがちだが、ほかの階や屋上からベランダへ侵入する盗犯もいるので注意が必要である。また、出入り口や外部から侵入しやすい箇所の鍵や防犯設備の状態。
●入居するときには、玄関ドアや室内の貴重品などを保管する家具などの鍵は、新しいものに交換する。

大きなビルやマンション、アパート、ホテルなどには制服姿の警備員が厳しく目を光らせているが、なかには警備員が窃盗犯と共謀して、犯人に情報を提供したり、犯行の手引きをした事例もある。

バンコクには日本、韓国、中国、中東、アフリカなどをはじめとする、さまざまな国の在留者によってそのコミュニティが形成されている。バンコク市内で在留邦人が多く住んでいるのが、スクンビット通り周辺の住宅街だ。この地区では多く生活している日本人を狙ったひったくりや盗犯が多発している。所轄警察署もここのパトロールを強化しているが、なかなか犯罪は減らない。夜間や人通りの少ない時間帯の1人歩きを避け、かばんや持ち物は道路と反対側に持つなど、常にひったくりに用心することが被害に遭わないための基本である。

また、この地区の近くには大きなスラム街（クロントイ）があり、このあたりでは事件事故が多発している。この地区の交差点では夕刻になると信号待ちの車のフロントガラスを拭き小銭をもらう子供らがいる。それをこの子供らの親たちが少し離れた歩道から監視をしている。このような地域では、特に交通事故に気をつけなければならない。万一、事故を起こした場合には、すぐに警察に通報し車内で警察官の到着を待つ。車を降りて当事者同士で話し合いを始めたりすると、事故に関係のない者まで集まってきて、日本人だとわかれば、金での解決を求められたり、なかには金を脅し取ろうとするケースもある。

荒っぽい手口の空き巣

タイの住宅、事務所などを狙った窃盗犯（空き巣）は、日本のそれより犯行が大胆で荒っぽい。手口はいろいろだが、ドアや窓などを乱暴に壊し侵入し、施錠された机の引き出しなども鍵を探すこともなくバールでこじ開ける。室内にある目に付いた金目の物をすべて持ち去る犯行が多く、履き古した靴までも盗まれることもある。たとえボロ靴でも売り払うことができるからだ。バンコク市内のヤワラートで毎週土日に開かれる市場は、別名「泥棒市場」ともいわれ、露店で山積みにされて売られている品物のなかには盗品と見られる物も少なくない。

日本の〝プロ〟の空き巣は基本的に空き巣のみを繰り返し、ほかの犯罪はしない。通りがかりに思いつきで侵入するのではなく、時間をかけて入りやすい家を探し、軒先の洗濯物などから家族構成を推測し、電気メーターの作動状態などから住人の不在を確認したうえで犯行に及ぶ。屋内に侵入すると、まずすべてのドアや窓の鍵を開ける。これは先に逃走口を確保するのと、もし物色中に住人が帰宅したとき、すぐに逃げられるようにするためである。慣れた空き巣は、室内のどこに金銭や貴重品があるか直感的に見抜く目をもっており、物色した痕跡を極力残さない。そうすることで住人が空き巣の被害に気づくのが遅れ、警察への通報も遅らせることができるからである。

一方、タイの空き巣の犯行現場も数多く見ているが、日本の空き巣のほうが、その〝技術〟や巧妙さははるかに高いと実感した。

タイでは空き巣から強盗、さらには殺人事件へと発展することも多い。犯人は金に困って犯行に及ぶので、最初から家人がいても構わないと考え、必ず凶器を所持している。侵入した住宅に家人がいた場合には凶器を突きつけ、縄などで縛り上げて、脅かして金品を強奪し、抵抗すれば殺害する。単なる窃盗から強盗へ、そして殺人へと犯罪がエスカレートするほど、罪は重くなるのに、そのようなことも考えずに犯行に及ぶのはタイの凶悪犯特有の性格だと、同僚の警察官は語っていた。

タイでは法的要件を満たし許可を得れば、拳銃を合法的に所持できる。また、犯罪者がブラックマーケットで銃を非合法に入手して所持しているケースも多い。侵入した賊が逆に家人から撃ち殺された事例も数多くある。

私が臨場した事件では、2人組の強盗犯は夜間に狙った住宅から数十メートル離れた街路樹に登り、そこから電線を伝って3階建ての住宅の屋根にたどり着き、屋根を壊して室内へ侵入することに成功した。しかし、物音に目を覚ました家人が拳銃を手に侵入者を待ち構えていた。犯人たちが2階に降りてきたところで家人は3発発砲し、1発が犯人の1人に命中、重傷を負って倒れ、もう1人は慌てて3階の侵入口から逃走しようとしたが、屋根から足を踏み外して転落し足と腰を骨折して動けなくなり、駆け付けた警察官に2人とも逮捕された。

私たち鑑識班が到着したときには事件の状況は明らかだったので現場の写真を数枚撮影して引き揚げた。のちの捜査で犯人たちは事件現場の住宅近い建設中のビル工事現場で働いていた作業員であることがわかった。彼らは昼間、仕事をしながら高いところから周辺地域のようすを観察して、ターゲットになる住宅を選んだのだった。

タイの戸建て住宅などでは盗犯などの侵入予防のため、出入り口や窓には頑丈な鉄製の格子がはめられ、窓ガラスにも金属製のネットを張り、鍵やクレセントを二重、三重に設けていることも多い。屋内で火災発生時にはどうやって避難をするのかと、反対に心配になるほどである。したがって、このように厳重な防犯対策がなされた建物では泥棒は決して1階からは侵入しない。

タイの犯罪者たちは日本人が多額の現金を所持していると考え、日本人の住宅を狙った強盗事件も起きている。犯人は物売り、宅配の配達員などを装い、門や玄関を開けさせ侵入、凶器を示して犯行に及ぶ手口が多く、また、外出先からの帰宅時の後をつけてきて門や玄関を開けるのと同時に押し入るなどの手口などがある。訪問者に対しては相手をよく確かめること、家を出入りする際には周囲に注意するなど警戒を怠らないことが重要である。

痴漢とスリ、目つきと行動パターンが酷似

バンコクでは毎日、日の出とともに道路は車やバイクであふれかえる。私がタイで勤務当時も車での出勤は渋滞がなければ自宅から25分のところ、１時間近くかかることも珍しくはなかった。１９９０年代末以降、高架鉄道（ＢＴＳ）や地下鉄（ＭＲＴ）が整備され、いくらかは渋滞緩和の一助になっているものの、依然、世界でも有数の〝大渋滞都市〟であることは変わらない。

道路だけでなく、通勤ラッシュの時間帯には市内の鉄道や路線バスも大混雑で、車両に乗るのも降りるのもひと苦労である。こうした車内で起こる犯罪が痴漢で、タイにも痴漢はいる。この犯罪がなくならないのは日本と同じで、タイの警察も公共交通事業者も多発する被害に手を焼いている。

痴漢は朝の通勤ラッシュ時に多い。出勤は被害者がたいてい１人で乗車しているからだ。職場の同僚などと複数でいれば犯行はやりにくくなる。痴漢は駅のホームなどで〝好み〟の相手を探し、相手とともに車内に乗り込み、乗降口近くで犯行に及ぶ。相手に騒がれたりした場合に逃走

しやすいからだ。逮捕した痴漢の手口は日本もタイもほぼ同様であった。

警察の捜査員は痴漢被害が多発する路線の駅や車内で警戒をしながら、不審な行動をする者を見つけ出し現行犯で取り押さえることもあるが、多くの場合、被害者からの通報によって被疑者を逮捕する。

日本では近年、痴漢の冤罪が取り沙汰されることがある。加害者とされた者が「偶然、手が相手の体に触れただけで故意ではない」と主張し、「物的証拠を示せ」と被害者の訴えを認めないばかりか、線路に飛び降りて逃走して列車の運行を止めてしまう事例もしばしば起こっているが、痴漢は被害者の訴えが重視されるので、いったん疑われると無実を立証するのは困難なのが実情である。また、女性が痴漢被害をでっち上げた例もあり、電車内などでは周囲から手の位置が見えるように吊り革や手すりを掴んだり、女性と隣り合わせになるときは背を向けるなどの配慮が必要だ。

私がタイ警察勤務当時のある朝、若い女性警察官がバスで通勤中に満員の車内で痴漢被害に遭った。卑劣な犯行を許せなかった彼女は数日後に同僚の警察官とともに痴漢を捕まえようと同じバスに乗って警戒していた。そうとは知らずに犯行に及んだ痴漢男を現行犯逮捕し、手錠をかけた男を連行しながら出勤してきたことがあった。男は専門学校の教職員であった。

痴漢やスリは目つきや行動パターンが似ている。警察は検挙したさまざまな事犯の場所や手口を記録し、それをデータベース化して保管している。事件が発生すると、過去の同種の事犯の手口を分析してデータベースと照合することで、同一犯人であることが推測されて逮捕に至ることも多い。どこの国の警察もこのような資料を捜査に活用しており、タイ警察でも容疑者検挙に大きな実績を上げている。

第6章　日本人が起こした事件・トラブル

日本人同士でも安心できない

一方、海外では必ずしも滞在国の人との間でのトラブルばかりではない。残念ながら日本人同士のトラブルも多い。

私もタイに赴任早々の言葉もわからず不慣れなときに、当地に長く暮らしているという日本人に声をかけられた。親切に夜の街を案内され、日本の食事をご馳走すると誘われて、「きつねうどん」を食べたときのうれしさと懐かしさは格別で、その席での支払いはすべて私が負担した。知らない国で親切にされた縁で相手を何ら疑うこともなく、その後、この日本人に幾許《いくばく》かの現金を貸したのだが、返済されることはなく、そのまま逃げられた。

じつは、このほかにも当地に在留している日本人に騙されたことが二、三度あり、騙された私のほうが悪いと諦めたものの、心の中では今でもスッキリしない不愉快な思いが残っている。

タイに長期間滞在している日本人のなかには〝よからぬ輩〟が少なからずいる。タイに来たばかりの企業などの日本人駐在員や長期出張者を見つけては、親切を装い近づき、いろいろと世話をやいたり、飲食などをともにしながら自分が頼りになる者だと、新参の日本人にアピールすることから彼らの悪事は始まる。

慣れない土地で初めて暮らすことになった日本人の目には、在タイ何十年という同胞はたいへん頼もしい存在に映る。当地での生活すべてがまだ手探り状態という環境で、知らない人でも親切にしてもらうと〝救いの神〟のように見え、その正体も知らぬまま、友人関係になったと錯覚し、ついつい純粋な気持ちでいろいろと相談や依頼をするようになる。

一方、よからぬ輩は新参者を慎重に見て、お金があるとわかると、さらに親密な関係になることで、うまく金銭を巻き上げてやろうと画策する。反対にお金がないと見ると、いろいろな手を使って弱みを探して脅かしたり、金銭を要求したりする。このような輩が多く存在し、身近にいることを忘れてはならない。前述したように加害者、被害者ともに日本人同士だった殺人事件も起こっている。

タイの日本人コミュニティ

タイの日本人社会にはさまざまな「会」が存在する。集団を好む国民性なのだろうか、あるいは異国暮らしが心細いのだろうか、日本人はよく、○○会や○○クラブといった集まりやサークルを組織して仲間を募る。

そのような「会」のなかには、その目的や中身がはっきりしないものもある。「会」の主宰者は新しくタイに来た者に近づき、立派な肩書の入った名刺を差し出し、在タイ何年とか、何十年などと、当地の言葉にも事情にも精通している日本人の相談役であると自己紹介する。日本人は名刺が好きで肩書に弱いから、きれいな色刷りのタイ語をあしらった立派な名刺にすぐに興味を示し、よくわからないまま、容易に相手を信用して口先だけの話にまんまと乗せられてしまう。

投資や利殖など、さまざまな儲け話を「見るだけでも」「聞くだけでも」と持ちかけてくるが、その裏には必ず何かがある。すぐに信用をしてはならない。そんなうまい話があるのならば、他人に教えず自分だけで儲けたらよいと言いたくなるのは日本国内でも同じだ。

そのような話を持ちかけてくる者の多くはタイでの暮らしが長いので、これまでの経験で知り得た法的な手段では追及されない手練手管を熟知しており、同じ日本人でも平気で食いものにしようとする。

日本人がよくトラブルに遭うのが、滞在1、2年ほど経った頃である。タイでの暮らしにも慣れて、気持ちにもゆとりが生まれ、周囲の日本人たちとも親しく付き合いをするようになると、ついつい気が緩み、そこにつけ込まれるのだ。飲食などの付き合いを重ねるうちに、何らかの依頼をされて、それが元で厄介なトラブルに巻き込まれるケースがよくある。

圧倒的多数の在留邦人は誠実に暮らしている。日本人に限らず調子のいい者には、すぐに心を許さない注意が必要だが、外見や肩書だけで相手の善し悪しを判断するのは難しい。誰に対しても疑心暗鬼になっていては精神的にもよくないが、顔見知りになっても常に一歩、二歩下がって慎重に人間関係を保つことが必要だ。

日本人弁護士やコンサルティング会社に注意

当地で何らかのトラブルに巻き込まれたり、困りごとが生じた際に日本人がしばしば頼るのは、日本人が運営する弁護士事務所やコンサルティング会社だ。法的、専門的な問題であればあるほど、日本語で相談をして助言や解決のための支援を得たいと考えるのは当然だが、そこで問題が起きることがある。

タイには、「弁護士」を名乗る日本人もいるが、日本での資格を有する弁護士であっても、タイでの弁護士資格がなければ、当地の正式な裁判の法廷における業務はできない。このような弁護士は、「どんな案件でも対応する」「必ず解決する」と言いながら、実際には引き受けた仕事を自ら処理するのではなく、当地のタイ人弁護士に丸投げするだけのケースも多い。そのことを知らずに相談や依頼をしてしまうと、多額の相談料や着手金を請求されたあげく、問題解決に至らないということもある。

日本語が通じる者を頼りたくなるが、弁護士を利用するときは、どのような分野（刑事、民事、企業法務など）の案件に精通しているか、過去の業務の実績などをあらかじめ調べておくことが重要である。

弁護士と並んで当地でのビジネスや業務において、会社設立やさまざまな許認可、契約などの代行、顧問としてアドバイスを行なうコンサルティング会社があるが、なかには問題がある業者もある。タイに進出している日系企業の団体（盤谷日本人商工会議所など）や、日本貿易振興機構（ＪＥＴＲＯ）などの公的機関も、ビジネスパートナーやコンサルティング業者選びには注意を呼びかけている。日本語で対応してくれるので信用して業務を依頼してしまうと、思わぬトラブルに遭うことになる。

悪質なコンサルティング業者は「タイ政府や行政機関などからの許認可の取得、公的手続きには、通常、たいへんな時間と経費がかかるが、知り合いの官庁の有力者や担当者に依頼して裏から手を回せば、簡単に短い期間で許認可が下りる」と、巧みに話を持ちかけてくる。

相談や依頼をする側は、案件の処理を急いでいたり、何らかの問題を抱えていたりするので、ついつい甘言につられ、「コミッション」「謝礼」などの名目で金を騙し取られてしまうのである。このようなケースは、法人あるいは組織同士のビジネス上の問題とされ、犯罪とは見なされない手口によって騙すので質《たち》が悪い。

当地で多いのは投資をめぐるトラブルである。ある在留邦人は不動産投資としてコンドミニアムの購入を持ちかけられ、物件を内見した。この仲介者の在留邦人に購入資金の数千万円を預けたところ、そのまま金を持ち逃げされてしまった。仲介者はタイ語も堪能で渡された名刺と、これまで多くの物件を扱ってきたとの言葉を信用してしまったという。また、事業投資にまつわるタイ語の書類に内容を理解しないまま、相手の口先だけを信用して自分の名前を署名してしまい、金銭詐欺の被害に遭った日本人の事案を取り扱ったこともあった。

さらに、トラブルは日本人同士だけでなく、そこにタイ人が絡んでくる場合もある。実際にあった事例では、日本語の話せるタイ人秘書を雇っていたある日本企業の現地法人は、その秘書の優秀な仕事ぶりから重要な仕事の多くを任せていた。秘書から求められるまま、書類などへのサインや契約締結などもすべて任せていたら、会社がいつの間にか、その秘書のものになっていたという被害届けを受けたことがあった。

契約書類などに安易に署名したり、名前などを記入してはならない。タイ語の文書に名前の記入の依頼があっても、内容が理解できないときには、その場で署名したりせずに持ち帰り、タイ語を解する複数の人に確認してもらうことが、トラブル回避の基本である。さらに、ここで安易に弁護士事務所やコンサルト会社に相談してしまうと、悪質な業者から高い相談料や解決金などを請求され、またもや騙されてしまう可能性がある。ガードの甘い者は繰り返し被害に遭う。

当地でのビジネスにおいては、顧問弁護士やコンサルティング会社など社外の人間との関係が長く続くと、社内の実情や業務内容を必要以上に知られ、それらが外部へ流出しまう恐れもあるので、こういったことにも対策が必要である。

結局、タイでは信頼できる弁護士やコンサルティング会社は自分で探さなければならない。もちろん、タイ人の弁護士でも安心とは限らないが、むしろ日本人同士だからといって安心してはならないのがタイの邦人社会の実情である。

悪質な金融業者

日本人同士のトラブルは、ほとんどの場合、金銭絡みのものだ。私も金銭トラブルの〝取り立て役〟にされてしまったことがあった。

国家警察局に私を尋ねて、Kという恰幅のよい日本人の男がやって来た。知人からここに日本から来た警察官がいると聞いて相談に来たというので、とりあえず話を聞くことにした。

彼の話では、ある日本人に5万バーツ（当時約14万円）を貸したが、期限の6か月を過ぎてもまったく返済されないとのことで、所轄の警察署に相談しようとしたが受け付けてもくれず、なんとかならないかとのことだった。その2日後、部下の警察官2人を連れて、バンコク一の夜の歓楽街であるパッポンに出かけた。

Kから金を借りた男が経営しているという飲食店を探し歩いていくと、すぐにその店は見つかった。通りから奥まったところで若い女性が客の手を引き、しきりに店に誘っていた。

そこは日本料理を出す居酒屋だったが、まあまあ繁盛しているようにみえた。日本語がわかるのは私だけなので、2人の警察官を店の外に待たせて、暖簾《のれん》をくぐると、レジにいた女性にタイ語で「ここの責任者の日本人に話がある」と小声で伝えた。すると、奥から40代半ばくらいの角刈りでガッチリとした体格の厳《いか》つい風体の男が出てきた。「何だ、俺に話があるというのはあんたか」威張った口調でにらみつけてきた。両腕の彫りものからして、その筋の者とわかった。

タイでは刺青（タトゥー）は、いわばファッションの一つで、若者たちのなかには男女を問わず背中や首筋、腕や足などに色鮮やかな刺青を入れている者も多い。国家警察局の若い警察官のなかにも背中に経文などの刺青を入れている者も珍しくはなく、タイに来て以来、このような刺青は見慣れていた。ところが、男の腕の青黒い鯉かナマズかわからない刺青は、どこで彫ったものなのか、おそろしく下手でつい笑ってしまった。男は失笑した私を見て不機嫌な態度になった。

私は「Kさんから借りたお金を返してあげてください」と来訪の用件を伝えると、男は急に声を荒げて、「バカヤロー！てめえは何者だ！」と大声を上げた。それを聞いた同行の警察官たちが何事かと心配して店のなかに入ってきた。

「私はKさんからの依頼を伝えに来ただけだ」と言うと、制服姿の警察官を見た男はさらに興奮し、「てめぇは日本人だろう、どこのモンだ、関係ねーだろー」と威嚇するように怒鳴り始めた。ひとしきり怒鳴らせたところで、「私は戸島という者です」と告げると、急に男はおとなしくなり、思案するような表情で「どちらのトジマさんですか」と聞いてきた。男はどうやらタイ警察に「トジマ」という名の日本人職員がいることを、どこからか聞き及んでいたようで、私の顔をまじまじと見ながら、私がその「トジマ」であることをようやく理解したようだった。

私は男の問いに答えずに「私は、あなたやKさんとは別に関係はないが、他人から借りたお金は返すのが当然でしょう」と静かに言った。

そして、「日本では暴力団対策法も強化され、タイの警察も日本人暴力団関係者の動向に目を光らせている。なんらかの事件を起こし、犯罪者として日本に強制送還されれば二度とタイに入国できませんよ」と言うと、先ほどまでの威勢とはうって変わって、「すみません」と何度も頭を下げた。

「あなたもこの国に長くいたいのならば、あまり問題を起こさないようにしなさい」とクギを刺して帰ることにした。私は日本で暴力団員やその類いの者を数多く見てきたが、身体に立派な彫りものをしていても、本当は小心なのに、それを見せまいと威勢を張っている者がほとんどで、このときの男もそれを絵に描いたような態度だった。

それから数日後、Kから電話があり、「このたびはいろいろとありがとうございました。貸した金は昨日受け取りました」と謝意を述べ、「お礼に食事にお招きしたい」と言ってきた。

私は見返りを期待して手を貸したのではないと、その申し出を断ったのだが、あろうことか、Kは「ほかにも数人に金を貸している」と口にして、私に返済督促の手伝いを求めてきた。

私は不審に思い、Kの素性を調べてみると、いわゆる〝ヤミ金〟や金融ブローカーを生業《なりわい》にしていることがわかった。さらに詳しく調査した結果、当地の貸金業関連法令の違反も確認できたことから後日、タイ警察に逮捕された。

日本から来たヤクザ

日本からタイにやって来るのは、ビジネスや観光の訪問者だけでなく、さまざまな悪事や犯罪を目的にした者もいるし、結果的に何らかのトラブルを起こしたり、犯罪に手を染める者も多く、そのような日本人による事案も数々見てきた。

あるとき、バンコクの飲食店の日本人オーナーから「柄の悪い日本人の男2人がしばしば店にやってきては、あれこれと難癖をつけ、飲食代金を払わないばかりか、店内で暴れるので、なんとかならないだろうか」という相談があった。詳しく話を聞くと、この2人は飲み食いの後、支払いとなると急に態度が豹変し、「まずい物を食わせやがって」などと、言いがかりをつけ、ときには、ほかの客がいる前で皿やビール瓶を叩き割ったり、投げつけたこともあるという。客の家族連れは怖がり、子供は泣き出す始末で、オーナーはその場を収めるために金を手渡したこともあったという。所轄の警察署に相談をしたのだが、例によって強盗などの事件ではないので、日本人同士のもめ事は当事者間で解決しろと門前払いされていた。また、この2人による同様の行為は、このオーナーの店だけでなく、ほかの日本人経営の店でもあるとのことだった。まるで、昭和の頃のドラマや映画に出てくるチンピラのような粗暴犯だが、所轄署が対応しないことも問題である。

オーナーの話が事実ならば、これは明らかな威力業務妨害、恐喝事案であり、私としても看過するわけにはいかなかった。そこで、オーナーに2人が現れたら知らせるように伝えたところ、数日後に連絡が入った。

すぐに2人の捜査員をともなって、日本人の観光客や居住者も多いスクンビット通りにある、その店に行くと、件《くだん》の男らとおぼしき人相の悪い30代の日本人2人がいた。彼らはラーメンや餃子などを食べながら、大声で話をしていた。店内にいるタイ人の家族連れや店員は離れたところから、そのようすを怖々と見ていることしかできない。日本ならば何か起これば、110番ですぐに警察官が駆けつけてくれるが、ここではそれは期待できない。

私たちは黙ってそのようすを見ていたが、しばらくして彼らのテーブルに行き声をかけた。「大声を立てるのは周りのお客さんの迷惑だよ」と日本語で言うと、男らは「なんだー、このヤロー」と大声で凄んだ。私が身分を明かすと、2人は一瞬ハッとした表情を見せたが、「俺たちはメシを食いに来ただけだ」とさらに大声を上げたので、「話は警察署で聞く」と言って、男らに店の外へ出るように促すとともに、同行の捜査員に所轄署の車を呼ぶように指示した。すると、男らは私たちの手を振り払ったり、肩を突くなど抵抗し、逃げようとしたため、同行の捜査員と取り囲み、警察車両の到着を待った。

私は男らの態度に異常なものを感じた。「ほかにも何かヤバイことを隠している」のは、逃げようとしたことからも明白だった。警察署に移動中の車内でも、まだ私が警察職員であることが半信半疑なようで「なんで警察に行く必要があるんだ！」「てめー、本当に警察のモンか！」と大声でわめきたて、静かにするように注意をしても、一向におとなしくしなかったが、本当に警察署に着いたのを見ると急に静かになった。

男らの腕をとって署内に入ると、刑事課員に事情を説明し、2人を別々に取り調べるための部屋を用意させ、まず、声が大きかったほうの男から調べに入った。着席した男は、先ほどまでの態度とはうって変わり、寒くもないのに膝頭が小さく震えていた。

男は「あんたは日本人でしょう、俺たちは何もしていないのに、何でこんなことをするのか。この警察にあんたをを逮捕してもらいますよ」と、なおも反抗的な態度でふてくされている。そこで、「私はここで働いている警察官だ」と伝えると、男は「そんなバカな話あるかよー」と、また大声で怒鳴りだした。

私はジャンパーの内ポケットからタイ国家警察庁の身分証と警察手帳を取り出して見せると、男は驚いたようすで大きなため息をついて、「人からタイには日本人の警察官がいると聞いたことがあったが、本当だったんだ…」と、ひと言つぶやき、ようやく観念したようだった。

その後、男たちを調べていくと、2人は数か月前に観光名目で入国した関西の指定暴力団構成員で、遊興の末、所持金がなくなってきたため、街中で日本人観光客に些細な言いがかりをつけ、金を脅し取るなど、日本人経営の飲食店で恐喝まがいの行為を繰り返していた。彼らの供述によれば、日本人の観光客、とくに年配者の観光客は大金を持ち歩いており、脅かすとすぐに金を出すということだった。旅先で面倒なことに巻き込まれるのを避けたい、多少の金で解決できるのならば、という心理につけ込んだ悪質な犯行だった。日本からの観光目的の在留期間はすでに過ぎていて不法滞在となっており、逮捕、強制送還になった。

日本人工場長の暴力

タイには多くの日本企業が進出しているが、言葉や文化の違う国での活動には問題が生じることもある。

ある日本の有名な金属関連メーカーは、タイで3千人以上の従業員を雇用する工場を運営していたが、ここに着任した日本人の工場長がトラブルを起こした。この工場長は生産現場のタイ人従業員に対して、指示に従わない、態度が悪いといって、蹴るなどの暴力行為に及んだのである。

被害者の同僚のタイ人数人が、所轄の警察ではなく伝手《つて》を頼って日本人の私のもとに、暴力行為をやめさせるとともに、何らかの法的措置をとりたいと相談にやってきた。

彼らの言うことが事実ならば、暴行および傷害の容疑で立件すべき事案であり、まずは被害届の提出を求めるとともに、早速、事実関係の確認から調査に着手することにした。

その数日後、その工場に出向き、問題の日本人工場長に面会を求めると、50代の神経質そうな男が出てきて、怪訝な表情で「あなたは何者だ」と言った。私は「警察の者です」と答え、タイ国家警察の身分証を示したが、まったく信用していないようすだった。

タイ人従業員から訴えがあったこと、その内容が事実であれば、事件として取り扱うことを伝えると、「そんなバカなことがあるか、脅すつもりか」と、反対に私に詰め寄ってきたが、被害届が出ている以上、調査することに同意させた。

調査は、被害者やタイ人従業員たちから聞き取りから始め、工場内の防犯カメラの映像の確認をしたところ、被害者らのいうとおり、工場長がタイ人従業員を暴行するようすが記録されており、これを工場長にも確認させたところ、タイに来て間もないため、言葉もわからないなかで、職場の意思疎通や仕事の指示が思うようにいかず、ついつい手が出てしまったと、しぶしぶ暴行の事実を認めたのだった。

私は、工場長を暴行と傷害容疑で逮捕することもできたが、さらに事実調査を進めるとともに、この工場を運営するメーカーの現地法人の社長らも交えて、今後どのようにこの問題を処理するかを検討したい旨を伝えて、その日は帰った。

翌朝、再び工場に行くと、現地法人の社長はじめとする幹部社員のほか、工場のタイ人従業員のリーダーたちが私たちを待っていた。この問題をどのように収めるかについて、社長以下、会社側とタイ人リーダーたちとの話し合いの場に私は同席した。

タイ人従業員たちの怒りは激しく、日本人従業員への暴力行為に及んだり、大規模なストライキなどの事態に発展しかねない状況だった。私はこれまでの経緯と工場長による暴力行為の事実を説明するとともに、この事実をもみ消そうとした工場長についての処分について提案した。暴行と傷害容疑で逮捕して司直の手に委ねるか、これ以上問題を拡大させないため、タイ人従業員たちに謝罪したうえ工場長の職を解き、再発防止策を講じるかを提案し、どちらを選択するかは社長に任せると伝えた。

結局、問題の工場長は日本へ帰国を命じられ、最悪の結果を招く前にこの事案は解決した。

第7章　麻薬、違法薬物

薬物の罠

タイ国家警察庁が発表した犯罪統計によると、タイ国内おける薬物犯罪での逮捕者は年間平均約20万人に上る（1999〜2002年）。薬物とはヘロインやモルヒネなどのアヘン系、覚醒剤系、合成麻薬やマリファナなどを指す。タイの法律は薬物犯罪に対してとても厳しく、ヘロインや覚せい剤などの第1類麻薬を譲り渡し目的で製造または輸出入する行為は死刑、また、2グラムを超える第1類麻薬の譲り渡し目的の所持などは死刑または無期刑である。

性別、年齢、地位や職業を問わず、一度でも違法薬物に手を出すと、その効用の虜《とりこ》になり、常習性によって次第に薬物中毒に陥っていく。日本でも芸能人やスポーツ選手などが、しばしば薬物に手を染め検挙されている。検挙者は活躍していた表舞台から消えても、警察には薬物事犯の記録は保管され続け再犯に備えている。違法薬物の危険性や犯罪性があらゆるところで周知されているにもかかわらず、これに手を出す者は後を絶たない。

バンコクの繁華街や南部のリゾート地などでは、現地ガイドや地元の密売人が違法薬物を勧めてくることがある。私はタイでも、旅先での開放的な気分から1回だけなら大丈夫だろうと誘惑に負けて、薬物に手を出し検挙された日本人をこれまでに数多く見てきた。

タイで違法薬物が流通しているのはやはり夜の歓楽街が多く、飲食店やカラオケ店、風俗店などが薬物売買の場になっている。日本人駐在員などが利用する飲食店などが薬物犯罪に関わっていたこともある。また、違法薬物が売買されているのは都市部やリゾート地ばかりではない。北部の山岳少数民族が住む地域へのトレッキングツアーなどに参加すると、ここでも現地ガイドや密売人が声をかけてくることがある

バンコクのスクンビット・ソイ地区は欧米、アジア、中近東、アフリカなどから多様な国籍と人種の外国人が集まり、事件・事故が多発している地域で薬物売買、売春、人身売買などの犯罪の温床にもなっている。一般の観光客は危なくて近づけない地域でもある。このあたりを1人で

うろついたり、安ホテルの前の道路脇などに座っていれば、すぐに麻薬などの密売人がどこからともなく現れ声をかけてくる。密売人は「こいつは薬を探している」という顔を見分けられるのだ。

バンコク市内には治安の悪い地区がいくつかあるが、民主記念塔の近くカオサン通りもその一つである。このあたりには狭い路地がたくさんあり、そこには小さな飲食店や商店、ふつうの観光旅行者は利用しないゲストハウスや簡易宿泊所のような木賃宿などが集まっている。

ここにも多くの外国人たちが集まってくるが、彼らは一般的な観光旅行者とは明らかに異なる雰囲気の若者たちが多い。タイではアルコール類の販売が日中は11〜14時、夜間は17〜24時と定められているが、カオサン通りの飲み屋などでは外国人の若者たちが集まり、酒を片手に騒いでいる光景が四六時中見られる。ここのようなところでも薬物の誘惑はあり、このあたりの街角に1人で座っていれば密売人が声をかけてくる。密売人はいきなり薬物を勧めてくるとは限らず、ビールなどを奢って親切を装いながら、さりげなく薬物の話を持ち出す。このような路上でのやり取りはたいてい警察に通報される。密売人が自らタレこみ、警察への情報提供に対する報奨金が目当てなのだ。違法薬物を買った者はいとも簡単に逮捕されてしまう。

私は何度かこの地区で発生した事件・事故の現場に臨場したことがあるが、日本人の姿を目にしたこともある。

ある日の午前中、所用で外出中だった私の携帯電話が鳴った。電話は鑑識課のナロン警察中尉からで、カオサンのゲストハウスで日本人の女が死亡しているのが発見されたという知らせだった。すぐに現場に向かってほしいとのことで、私が駆けつけると所轄署の捜査員たちがゲストハウスで待っていた。ナロン中尉はまだ到着していない。

私は一足先に現場の二階の部屋に入ると、薄汚れたベッドは乱れており、傍らの床に女性が全裸で仰向けに転がっていた。所轄警察署の捜査員から状況を聞いていると、部下の鑑識課員たちが到着した。第1発見者の男から説明を聞き、現場検証を進めていくと、死亡した日本人女性は30代で数日前からここに宿泊していた観光客だという。男の話では、女性が突然1人で暴れ出したということだった。

私は現場検証の手順などを鑑識課員たち指示し慎重に検証作業を進めていった。部屋にとくに異常はない。遺体には外傷痕などは見られない。首回りにも絞殺痕はなく、口の中が少しただれているくらいで、ほかに目立った所見はなかった。遺体は警察の検視施設に移され、法医学解剖の結果、麻薬の大量飲下による中毒死であることが判明した。

これまでタイで薬物事案を見てきたなかには、夜の盛り場などで、タイ語がわからず勧められるがまま、知らないうちに薬物を飲まされていたというケースもある。

また、この地区にある安ホテルが麻薬の密売人や常用者の巣窟になっているという情報を得て摘発のため捜索に入ったことがあった。私は鑑識班を率いて現場に出向いた。この地域での捜査は危険も予想されるため、鑑識班も全員、実弾を装填した拳銃を携行していた。ホテル内に入ると廊下には大麻をくゆらしたり、アヘンをあぶった煙や臭いが漂っていた。このホテルでは白人の売春婦が商売をしており、われわれ制服姿の警察官を見ると、売春の手入れと勘違いして、裸足で廊下を逃げ回るなど大騒ぎになった。部下が女たちはロシア人だと教えてくれた。

この摘発では密売人などを数人逮捕したが、このような麻薬犯罪の摘発や捜査は時には銃撃戦になることもあり、少人数の警察官では危険なため、大規模な一斉摘発では軍の特殊部隊などの応援を得て、麻薬組織の容疑者を一度に数十人逮捕したこともあった。

麻薬所持で拘束された日本人

日本人が巻き込まれた薬物絡みの事案にはこんなこともあった。バンコクの地下鉄フアイクワン駅近くには日本人もよく利用する大きな有名ホテルがある。このホテルがあるラチャダピセーク通りの一帯は夜の歓楽街でもあり、日本企業の駐在員などが利用する飲食店も多い。

ある週末の夜、日本企業の駐在員で役職者を務める男性が飲食店から連れ出した女性をともない、一夜を楽しむ宿に向かうためタクシーに乗り込んだところ、複数の警察官に止められた。

後部座席の2人は飲酒運転か何かの取り締まりだと思ったのだが、警察官はタクシー運転手ではなく2人に車を降りるよう命じ、車外に出た男性の所持品検査を始めた。すると、男性シャツの胸のポケットから小さな銀紙の包みが出てきた。警察官の指示で男性が包みを開けると中身は麻薬であった。

タイ語ができない男性は、英語や身振り手振りで身に覚えがない物であると必死に弁解をするものの、警察官には通じず、同伴の女性もいつの間にか姿を消してしまった。残された男性はそのまま拘束され所轄警察署へ連行された。

その頃、自宅で就寝中だった私は携帯電話の呼び出し音で起こされた。時刻は午前1時過ぎで何事かと電話に出ると、至急、リンデーン警察署に来てほしいとのことで、詳しいこともわからないまま、急いで身支度をして向かった。

署内の取調室に案内されると、連行された日本人男性が不安そうに1人ポツンと椅子に座っていた。私を見るなり男性は立ち上がり丁寧に頭を下げた。これまでの経緯を最初から説明させると、ようやく事態が明らかになってきた。私は男性に「女にヤク（薬）を掴まされたのですよ」と伝えたが、男性はその意味がわからず、「酒は飲んだが薬物を求めたことはない」と、まだ自分がどういう状況に置かれているのか理解できないようすだった。

私は取り調べにあたった捜査員とともに「タイでは麻薬は使用しなくても所持しているだけで重い罪になる」と伝え、「このまま麻薬所持で逮捕されれば、会社にも知られるばかりか、日本企業の役職者ということから、当地の日本メディアの耳にも入り日本国内でも報じられることになるだろう」と言った。これを聞いた男性は顔面蒼白になり、「自分はまったく知らなかった」と哀願するように訴えるばかりだった。

私は男性の社会的な地位を考えれば、彼のちょっとした〝スケベ心〟から始まったことがこのような結果を招いたのであり、気の毒というよりもっと自重すべきであると思った。その一方で、男性は違法薬物に手を出すような者ではないことはわかったので、男性から麻薬が見つかった際、その場では事情を詳しく説明できなかったことを伝えると担当捜査員は納得し、逮捕するかどうかは警察署の当直責任者の判断に委ねることになった。

しばらく待っていると当直責任者の警察中佐が取調室にやってきた。彼は私を見るなり、姿勢を正して敬礼し、笑顔で合掌し「ワイ」の挨拶をした。はじめはわからなかったのだが、なんと彼は私がこの4年前に上級幹部警察官を対象に実施した鑑識実務のセミナーで指導した1人であった。

思い出話でもしたいところだったが、まずは勾留中の男性の事案を処理しなければならず経緯を説明すると、彼によれば、男性が利用した飲食店は以前から薬物の取引に関する情報がたびたび警察に寄せられていたことからマークしていて、この夜は私服の捜査員が張り込みをして、店から出てくる者を監視していたとのことだった。

男性が薬物を所持していた以上、そのまま帰すことはできず勾留されたのだったが、事案の経緯も明らかになり、男性に対し尿検査をした結果、薬物使用の反応は認められなかったため、男性には罰金を科すことにして処理することになった。

タイの違法薬物事情

タイでは麻薬をはじめとする各種の違法薬物が国内で製造され、あるいは国外から持ち込まれて流通、密売、乱用されている。

タイで最もポピュラーな違法薬物は、俗に「ヤーバー」とよばれるもので、「ヤー」は薬、

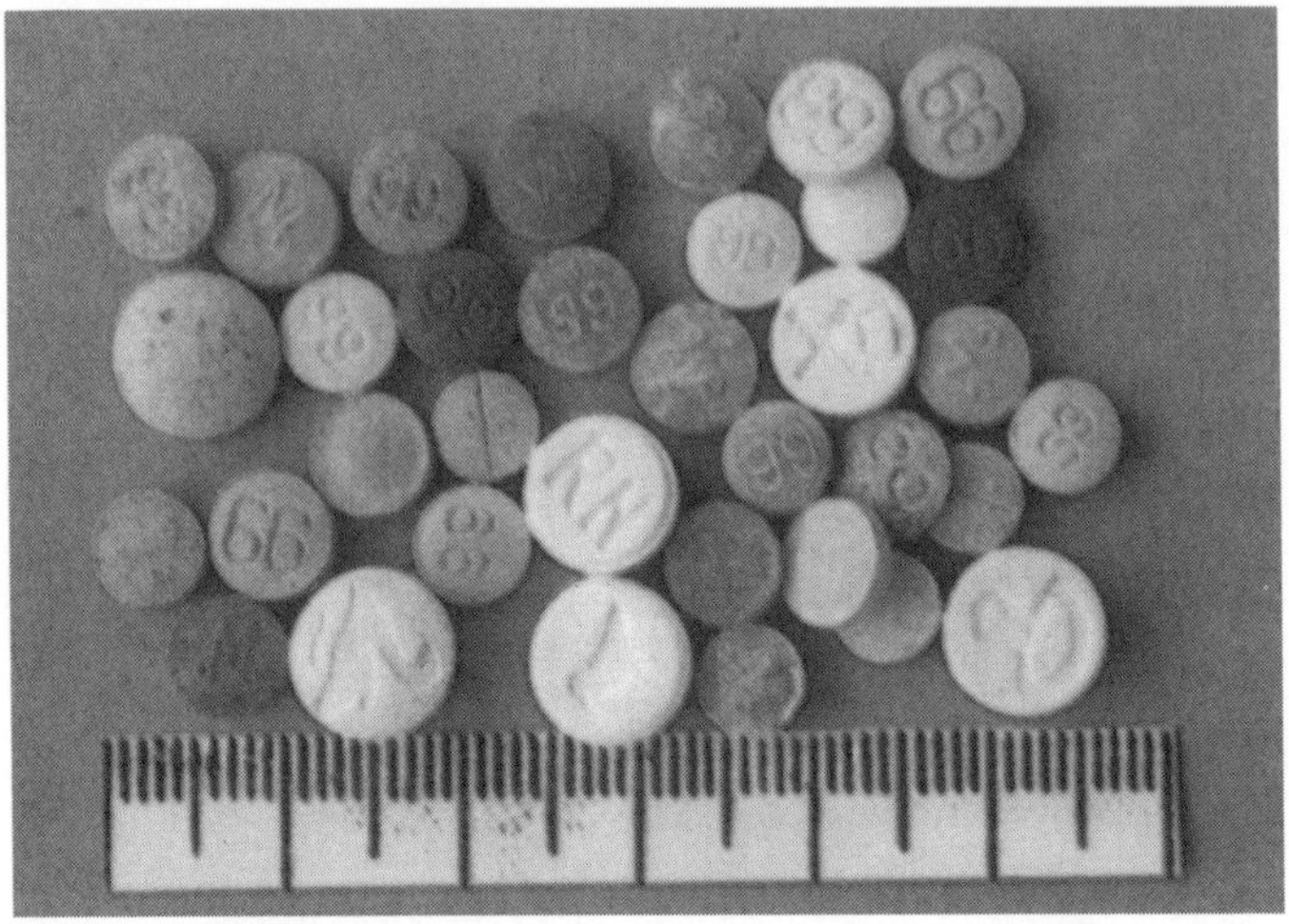

タイ国内で流通している「ヤーバー」と呼ばれる違法薬物。

「バー」は「バカ」を意味する。ヤーバーはアンフェタミン系の覚醒剤の一種で、「アイス」などの俗称で売られている氷砂糖のような結晶状のものである。摂取すると一時的には精神的、肉体的に活性化作用があるが、効果が切れると脱力感や倦怠感が著しいため、次第に常用、依存するようになり中毒に陥ると、精神的な不安定や態度や言動が落ち着かなくなるなどの副作用、妄想や幻覚などを起こす。

タイではかつて、疲労回復や眠気覚ましなどの効果がある薬として長距離トラックやタクシーの運転手などを相手にガソリンスタンドなどで売られていたが、1970年代に違法薬物に指定された。タイの麻薬捜査官によると、ヤーバーは製造工程で強い臭いを発するために市中などでの製造が困難で、現在タイ国内で流通している多くは隣国のミャンマーやラオスで製造、密輸入されたもので、一部、タイ国内の山岳地域の少数民族によって製造されたものもあるという。バンコクなどの都市部での密売末端価格は1錠200～300バーツ（約600～1000円）ほどで、繁華街のバーやクラブ、風俗店などで売られていることもあり、入手が比較的容易なことから、はじめは軽い気持ちで手を出す者が多い。

ヤーバー以外にもタイで広く乱用されている違法薬物の一つが大麻である。大麻は大麻草の花や葉を乾燥させて樹脂化や液体化させたもので、その部位や製品によって「マリファナ（花冠・葉）」「ガンジャ（花）」「ハシッシュ（樹脂）」などの名称や俗称で呼ばれている。含有されている成分には薬理作用があり、古くから鎮痛剤などとして医療にも用いられる一方、有害成分のテトラヒドカンナビノールは脳に作用して幻覚や記憶低下などをもたらすことから日本では規制薬物に指定されている。

大麻の扱いは世界各国で異なり、アメリカやカナダの一部の州など、合法化されている国や地域もある。タイでは2019年に医療、研究目的のマリファナが、2020年からは有害成分の含有率が低い部位の食品や化粧品などへの利用が合法化され、大麻が麻薬リストから除外された。非合法の大麻は引き続き禁止指定されており、大麻およびその製品の所持や譲受（購入）、使用は処罰対象である。しかし、乱用を防止する法律などの対策が後回しのまま規制緩和されたため、〝嗜好品〟として大麻を売る店も現れている。

大麻常用者はその特有の臭いが身体に染みついているのですぐにわかる。複数人で〝マリファナパーティー〟をするときには外に臭いが漏れるのを防ぐために、濡れたタオルなどでドアや窓の隙間を塞ぐことが多い。また、大麻常用者は衣服や髪の毛、身体にオーデコロンや香水をつけてごまかそうとする。

大麻や薬物を摂取していると神経が過敏になったり思考が混乱し会話がかみ合わない、あるいは陽気になってよく喋ったり、いわゆる〝ハイ〟の状態になったりする。警察官や麻薬取締官は薬物常用者の表情や態度を見ればそれとすぐわかる。自ら薬物を使用していると言っているようなものなのである。

また、南部のリゾート地などでは「マジックマッシュルーム」と呼ばれる、摂取すると幻覚作用を起こす毒キノコの一種が多く売られている。乾燥させたり粉末にした状態で売られており、これを目当てにやってくる日本人を含む外国の若者も多い。マジックマッシュルームは記憶喪失をもたらす作用もあり、過去には日本人にも人気のリゾート地の一つでもあるサムイ島の警察によると、砂浜を全裸でさまよい歩いていた若い女性を保護したこともあり、一時的な記憶喪失により自分の名前も国籍も言えない状態だったという。このような薬物の作用で朦朧となって保護された者のなかには日本人もいたとのことだった。

このほか、タイで流通している違法薬物は、LSD（合成麻薬の一種で、微量を摂取しても著しい幻想や幻聴をもたらす。透明な結晶だが液体として製造し、その水溶液を染み込ませた紙片、錠剤、カプセル、ゼラチンなどさまざまな形態がある）、コカイン（南米原産のコカの葉から精製され、結晶粉末をストローなどで鼻から吸引や水溶液を注射して使用する。覚醒剤と同様に神経を興奮させる作用があり、眠気や疲労感の除去、身体が軽くなるなどの錯覚を起こす。覚醒剤に比べ効果の持続時間が短いため、常用性、依存性が高い）、阿片《アヘン》などがある。

阿片は芥子《ケシ》から作られる麻薬で、アヘンから抽出したモルヒネを精製するとヘロインになる。アヘンの効果は陶酔感だといわれ、効果は2～3時間ほど持続するが、それが消えると身体の筋肉が痛み出すので、それをやわらげるためすぐに繰り返し吸引し常習化していく。

タイでは北部の山岳地域などには芥子が多く自生しており、この地域の少数民族は現在でも芥子の栽培や、アヘンを昔から薬代わりに使用している。芥子の栽培は厳しく禁止されているが、この地域での栽培や使用については警察の取り締まりの手が届かないのが実情である。

私は、麻薬取締警察局の北部山岳地域における芥子栽培の実態調査に同行したことがあった。

目的地はチェンライからさらに北のメーサイ近くの小さな集落で、タイ最北端に位置し、メコン川を隔てて北側の対岸はラオス、東側はミャンマーとの国境がある地域だった。

到着した集落の周辺一面にたくさんの小さな赤とピンクの美しい花が咲き乱れていた。同行したチェンライ警察の中尉に「気持ちのいい朝だね、こんなのんびりした田舎暮らしもいいね」と言いながら、その美しい景色を写真に収めようと小高い丘の花畑に向かった。花畑に近づいて行くと、中尉は驚いた表情で「これほどなのは見たことがない」と言った。私は彼がなぜ驚いているのかわからず「この花は日本では春に咲くポピーだよ」と言うと、「これは芥子の花でアヘンの原料です」と教えてくれた。

彼の説明によると、このあたりでは芥子や大麻草が大量に自生しており、ここで暮らす山岳少数民族の人々は、アヘンや大麻を日常的に使用し、発熱や痛みの治療として祈祷師がそれらを用いるのだという。集落の民家の木陰で老婆が寝そべり長い吸引器でタバコをふかしているのを見たが、タバコではなくアヘンを吸引しているのだと教えてくれた。

この村からの帰路、国境警備隊の検問所で乗ってきた車の内外を厳重に検索された。これは阿片やヘロインが隠されていないか調べるためで、同行の中尉の話によると、国境地域からバンコクなど主要都市に続く道路には検問所が多く設けられ、ここを通る車両と人は頻繁に検索を受けるのだという。また、この地域の山中の道路沿いにもガソリンスタンドがあるが、このガソリンスタンドが麻薬の〝運び屋〟の中継点になっていたり、取引場所になっていることがあるという。険しい山道を走行すると、どうしても燃料切れが心配になり給油のためガソリンスタンドに立ち寄る。そこでバンコクからの来訪者や外国人観光客らがガソリンスタンドの店員などから薬物の売買をもちかけられ、手に入れた薬物を隠し持っているところを途中の検問所での検査で発見され、その場で逮捕されるケースがあるという。

そもそも、この地域一帯が麻薬の製造地帯となったのは、タイ・ミャンマー国境の少数民族シャン族の解放組織の指導者で「麻薬王」と呼ばれたクン・サー（1934～2007年）が、武装闘争の資金源として1980年代に麻薬ビジネスを大々的に行ない、「黄金の三角地帯」と呼ばれた世界最大の麻薬密造地帯を作り上げたためである。

第8章　事故、不測の事態への対策

無法地帯の道路事情

タイではほとんどのドライバーが交通法規を守らないうえ、マナー違反が多く、信号無視や危険な追い越し、強引な割り込みなどは当り前で、前のクルマとの車間距離を少しでも開けると、ここぞとばかりに割り込んでくる。ウインカーを出さずに車線変更をするのも珍しくない。また、地方の田舎道などでは小学生とおぼしき子供が原付バイクを運転していることがある。彼らはもちろんみんな無免許である。また、原付バイクに家族で3人、4人乗りをしているのもよく目にする光景である。警察官が緊急時に原付バイクの3人乗りで現場に駆け付けることもある。

タイの高速道路や自動車専用道路での普通自動車の最高速度は、速度制限がとくに設けられていなければ時速120キロで、一般国道などでは、同じく規制がなければ時速80キロである。通行方式は日本と同じで車両は左側通行、道路標識も国際規格でタイ語の補助表記があるもの以外は日本人でも分かりやすいが、自分がしっかり交通法規を遵守していても、事故の危険性は日本よりもはるかに高い。日本では2人が負傷しただけの交通事故でもニュースになるが、タイでは5人以上くらいが死亡してようやく新聞、テレビで取り上げる。

タイで交通事故を起こさないためには、交通ルールの違いやタイ人ドライバーのマナーも理解することが重要である。運転するうえで次のような点に注意する必要がある。

- 二輪車には特に注意が必要だ。日本では二輪車は原則左側を走行するのがルールだが、タイでは車線に関係なく二輪車が走っており、左右からお構いなしに割り込んでくる。二輪車には右側車線はもちろん全方向に注意を払わなければならないが、運転に慣れない者は左右の車両に気をとられている隙に追突事故を起こしてしまうことが多い。
- 信号のある交差点であっても深夜など交通量が少ないときや、人がいないと信号無視をする車両がたいへん多い。
- 交差点では信号が赤でも常時左折可のところが多い。信号を確認せず、また一時停止せずに左折するドライバーが多い。
●広い道路では前方の信号が赤でも左車線だけは直進できる。
●都市部では時間帯や曜日などによって、一方通行の方向が逆に変更、バスレーンの設定、駐停車禁止などの規制が行なわれる道路がある。これらの規制はタイ語で表示されているので注意が必要である。
●路線バスは乗客の乗降の際に路肩に寄らずに停車することが多く、バスが道路の中央で突然停車して乗客が降りることがある。
●道路工事が注意を促す看板や交通整理などの適切な安全管理のないまま行なわれているケースが多い。

自動車事故を起こした場合

運転中に万一、交通事故に遭ったり、反対に起こしてしまったら、その対処にも注意が必要だ。まずは、すみやかに警察と自動車保険を契約している保険会社に連絡する。タイでは交通事故の場合、保険会社の事故対応係が、警察よりも先にオートバイですぐに駆けつけてくれることもある。

警察官、保険会社の係員が事故現場に来るまで、そのままで待つのが事故対処の基本である。このとき、当事者同士での話し合いを絶対にしてはならない。被害者、加害者いずれの側であっても、その場で相手との交渉は絶対に避けることが大切である。こちらが被害者側であっても相手によっては、第1当事者（事故において過失の度合いが大きい者）にされることもあり、とくに外国人の場合、言葉の問題などから不利な立場にされかねない。私が見た例でも日本人が関与した事故では、過失の度合いが低いにもかかわらず、第1当事者にされてしまい、あとから多額の補償金や車両の修理費を請求されたケースがあった。

事故処理にあたっての交渉は基本的には保険会社に任せればよいが、その過程で署名が必要な書類があれば、その内容をよく確認をしてから署名することが大切である。その場で安易に署名をしてしまうと、あとで不利益を被ることもある。

長距離バスの事故

タイ国内の主要な移動手段は近距離、長距離問わず、もっぱら自動車である。もちろん国内の主要都市を結ぶ航空路線もあるが、路線も限られているうえ、庶民にとって航空運賃は高く一般的ではない。鉄道も路線や列車の本数が少なく、使い勝手がよいとはいえない。

最もよく利用されるのが長距離バスで、昼間はもちろん深夜まで運行本数も多く、鉄道よりも移動時間が短いこと、運賃が安いことなどから、バンコク首都圏と地方、あるいは地方間を結ぶ主要な公共交通手段になっている。しかしながら、タイの長距離バスは事故が多く、決して安全とはいえないのが実情である。主要国道を車で走っていると、大型の長距離バスが時速100キロ以上の猛スピードで、ほかの乗用車などを押しのけるように次々と抜き去っていくのを頻繁に目にし、深夜などは特に多い。主要な国道の傍らには事故で大破した大型バスもしばしば見かける。

バス乗車時のリスクを少しでも減らすには、長距離バスは全席指定なので、なるべく後方の座席を選ぶことが基本だ。長距離バスの事故はスピードの出し過ぎやハンドル操作の誤りによる追突や対向車との正面衝突が圧倒的に多いので、運転席に近い席は事故時の危険が高いからである。また、窓側の席はバスが横転した場合、破砕した窓ガラスによって負傷する危険性が高い。最近のバスは、窓ガラスが大型化しているので、事故時に大破した窓から乗客が車外に投げ出されて死傷するケースも多く、この危険を少しでも軽減するため、必ずシートベルトを装着することはいうまでもない。

小型船舶の事故

タイでの交通手段には海や河川、水路における小型船舶の利用も多い。道路の渋滞を避けるために、河川や運河を運航する小型船が通勤や移動に多用されており、観光で訪れた際に、このような船に乗ったことがある人も多いだろう。重要な交通手段になっている小型船だが、やはり事故も多く、決して安全な乗り物とはいえない。

小型船での事故は、自動車同様の追突事故のほか、多くは乗り降りの際、揺れで足を滑らせて川に落ちたり、船縁と桟橋との間に足首を挟んで骨折したりするケースが多い。日本の観光客に人気の水上マーケットなどを行き交う木造の手漕ぎボートでは、ほかの船とすれ違う際に、船縁に添えていた手を挟まれて指を骨折する事故も多い。

バンコク中心部を流れるチャオプラヤー川では、観光コースの一つとして水上バスや観光客向けのクルーズ船が運航されているが、チャオプラヤー川は川幅が広く水深も深いうえ、流れが速い。下水も流れ込んでいるため水中では50センチ先も見えないほど水は汚れていている。誤って転落すると、きわめて危険である。小型船では乗客に救命胴衣を着用させることはほとんどなく、また、観光客などに対しては言葉の違いから、運航者も注意がなかなか行き届かないのが実情であり、特に子供やお年寄りの乗船には注意が必要である。

火災への対処

タイでは、2004年のスマトラ島沖地震による南部6県を襲った津波災害や、2011年のチャオプラヤー川流域での洪水ではバンコク首都圏でも大きな被害が出るなど、何度か大規模な自然災害が起きているが、当地の人々の防災意識は、地震や台風など自然災害が多い日本人のそれに比べるとはるかに低いのが実情である。

タイで生活するうえでも防災を忘れてはならない。特に気をつけなければならないのは火災である。日本では火災発生時に「119番」すれば，すぐに地域の消防隊が駆け付け消火活動にあたるが、タイの消防の事情は日本とは異なるケースもある。

もちろん、タイにも内務省防災局が所管する消防組織がある。日本と同じように消防吏員《りいん》により組織され、近代的な消防車や救難機材などを装備、運用している消防隊が各地に配置されているほか、地域住民により組織されている日本の消防団に似た「市民防災隊（シビル・ディフェンス）」というボランティア組織があり、火災やさまざまな災害に対応している。

しかし、火災への対応については、公共施設をはじめ立派なショッピングセンターやホテルなどでも、消火栓やスプリンクラーなどの基本的対策に不備がみられることも多く、また、実際の火災発生時にもバンコクのような大都市では、出動した消防車が渋滞や狭い路地などに通行を阻まれて現場への到着が遅れるなど、多くの問題がある。

さらに日本人には信じられないだろうが、個人の住宅や私的な用途の建物の火災で、消防隊の到着よりも先に消火活動を始めた市民防災隊のメンバーから金を要求されるケースもある。彼らから、消火には放水する水の費用がかかると告げられた火元の家人がそれを拒否したところ、燃えている住宅を目の前に消火活動を中止して引き揚げてしまったという嘘のような話を聞いたこともある。

私が実際に鎮火後の現場検証に立ち会ったアユタヤの製紙工場の火災現場では、消火にあたったボランティアが、そこの経営者に食事代などを要求しているのを目撃したことがある。

最優先は自分の命

２００9年1月1日、年が改まって間もない午前0時55分ごろ、バンコク、エカマイ地区のナイトクラブ「サンティカ」で火災が発生した。当時、店内には年越しのパーティーに集まった千人近くの客がおり、火災発生とともに１か所しかない出入り口から外へ逃げ出そうと客が殺到したため、死亡者67人（日本人１人を含む）、重軽傷者２４７人を出す大惨事となった。死亡者の多くは出入り口から2メートル手前の三段の階段に向かって折り重なるように倒れていた。

私も鎮火直後から8日間にわたり現場検証に立ち会い、タイ警察の鑑識課員たちとともに出火原因がステージで使用された花火で、その火が近くのカーテンに燃え移ったことを突きとめた。店内にはスプリンクラーなどの防火設備、避難のための誘導灯などもなく、また、火災保険にも加入していなかったことがのちに明らかになっている。

この惨事のように火災や事故などに巻き込まれるのを避けようとしても、個人でできる対策は限られているが、それでも常に安全意識を持って、基本的な心がけを実践することが大切である。

火災時に最優先すべきは自身の命であり、安全に避難することに尽きる。ホテルなどに宿泊する際は、利用する客室の位置、非常口や避難経路、防火設備などを必ず確認しておくこと、万一の避難時には、どんな高層階であってもエレベーターは使用しないことなどは基本的な対策である。また、火災で危険なのは煙であり、煙を吸って窒息死するケースが多い。これを避けるため、身をかがめ、可能ならば腹ばいになって避難するなど、冷静に行動することが大切である。

タイには日本のような大規模な地下街はないが、バンコクには大型のショッピングセンターや多くの店舗の入っている雑居ビルが多く、そうした建物内など外出先での火災では、周囲のパニックに巻き込まれないように落ち着いて避難することが大切である。

1997年に起こった、パタヤの高層ホテル「ロイヤル・ジョムティエン・リゾート」の火災では、非常口が施錠されていたため逃げ遅れた宿泊客など97人の犠牲者を出している。このときも私は現場検証に立ち合ったが、非常口が閉鎖されていたのは、中国人の団体観光客がルームサービスなど個別清算の利用料金を支払わずに非常口から逃げることがあるため、これを防止する措置だったことが明らかになった。また、義務づけられていた火災報知機や煙感知器も未設置だったうえ、建物が防火区画化されていかったことも明らかになっている。このようにタイでは建築の安全基準や防災対策が、ないがしろにされていることも多くあることを知っておくべきである。

マリンレジャーでの注意

パタヤ、プーケット、ホアヒン、サムイ島などのビーチリゾートは、日本人にも人気の観光地で、さまざまなマリンレジャーを目的に多くの観光客が訪れる。

ところが、このマリンレジャーにともなう事故も後を絶たない。遊泳禁止が出されているにもかかわらず、それを無視したり、ルールやマナーを守らないことが原因の水難事故である。日本人の事故も何件も起きている。

熱帯性気候のタイでは天候が急変し、海が荒れることも多い。ビーチリゾートの多くがあるタイ西海岸はインド洋に面しており、場所によっては潮の流れが速い。青空の下でも強風、高波などでビーチに赤旗が掲げられ、遊泳禁止になることもある。

リゾートビーチには、モーターボート、バナナボート、水上スクーター、パラセーリング、シュノーケリングなど、さまざまなマリンレジャーが用意されているが、これらを利用する観光客のなかには、ルールを守らなかったり不注意から、衝突や遊泳中の者と接触したりする事故が多く起きている。

また、ビーチでの盗難被害も多発している。ビーチには盗犯グループおり、つねに観光客を狙っているので、貴重品などは必ず目の届くところ置き、注意を怠ってはならない。特にパタヤでは盗難事件が多い。

ビーチリゾートに限ったことではないが、現地で親しく話かけてきたり、親切を装い接近してくる者がいても、知らない者には宿泊しているホテルなどを絶対に教えてはならない。迂闊に教えてしまったことで、外出中にホテルの客室に侵入された盗難や、女性の場合、暴行されるなどの事件がこれまでに起きている。地元の警察は、これらの注意事項は必ず守ってほしいと強く呼びかけている。

感染症への対策

タイは高温多湿の熱帯モンスーン気候に属し、季節は主に乾期（11月〜3月）と暑期（4月〜5月）、雨期（6月〜10月）に分かれている。3月〜5月がいちばん暑く、1月、12月が比較的涼しいとされるが、年間平均気温は約29度で蒸し暑く、通年日本の真夏と同じ気候である。

このような気候特性からマラリア、デング熱などの蚊媒介感染症をはじめ、コレラや赤痢、食中毒などの消化器系の感染症が多く、年間104万件の罹患例が報告されている。また、エイズ、B型肝炎、C型肝炎などなどの性感染症も多く、節度ある行動を心がけなければならない。

マラリアは熱帯地域特有の感染症で、世界で年間2~3億人が罹感し、62万人以上の死亡が報告されている（2022年、WHO発表）。タイではバンコクなどの都市部での発生は少ないものの、北部の山岳地帯などではほぼ通年で発生しており、年間約12万人の感染者が発生している。

マラリアはハマダラ蚊を媒介して感染する急性熱性疾患で、免疫を持たない人では通常、感染した蚊に刺されてから10~15日程度で発症し、初期症状（発熱、頭痛、悪寒）は軽く、マラリアとは気づかないこともあるが、熱帯性マラリアは、ほかのマラリアと異なり高熱が持続する傾向があり、24時間以内に治療しなければ重症化し死亡することも多く、早期診断・治療が重要である。

マラリアへの対策としては予防がきわめて重要で、まずは蚊に刺されないようにすること、抗マラリア薬を予防服用が挙げられる。蚊の活動が活発な夜間の外出を避け、長袖、長ズボンの着用、皮膚の露出を少なくすること、殺虫剤や虫除けスプレー（ディート〔DEET〕などの有効成分を含むもの）の使用、夜間は蚊帳を使用するなどの対策が必要である。また、滞在するホテルなどではエアコンの完備、窓などには網戸がしっかりと取り付けてあるか確認することも大切だ。

デング熱も蚊を媒介に感染、発症する急性熱性疾患で、発熱、関節痛、発疹などの症状を起こす。多くは1週間程度で自然治癒するが、まれに「デング出血熱」と呼ばれる重症化に進行すると死亡するケースもある。デングウイルスを持っている「ネッタイシマカ」「ヒトスジシマカ」は、熱帯地域を中心に生息しており、近年では温暖化の影響などで生息域が北半球にも拡大している。日本でも2014年、東京都内の公園における感染を中心に約160人の国内感染が発生した。

タイはフィリピン、マレーシア、ベトナムに次いでデング熱の感染者が多く、タイ保健省の発表によると2018年の感染者は約5万3000人、死亡者は約80人が死亡している。感染は全国的に報告されている。とくに蚊の大量発生する雨期、人口の多い都市部での発生が増加している。

デング熱は特定の治療法や治療薬がないことから、治療は対症療法が中心で症状に応じて解熱剤や鎮痛剤を投与する。また、有効なワクチンもないので、予防策としてはマラリアと同様、蚊に刺されないようにするしかない。

コレラはコレラ菌に汚染された水や食物により経口感染する感染症で、世界的に広く発生しており、世界保健機構（ＷＨＯ）によれば、毎年、世界五十数か国で約３００万〜４００万人の感染者が発生している。タイでは街中の屋台や市場などではさまざまな飲食物が売られているが、衛生管理が徹底しておらず、特に生の魚介類など、缶やペットボトル入り以外の飲み物は避けるべきである。屋台などで売っている飲み物の中の氷や氷の上に飾られているカットフルーツも危険で、使用している氷は水道水から作られている。また、プールの水を誤って飲んで感染した例もある。

赤痢は細菌性赤痢、アメーバ性赤痢があり、一般的に赤痢と呼ばれるのは細菌性赤痢で赤痢菌による大腸の感染症で、アメーバ性赤痢は大腸に寄生した赤痢アメーバによる寄生虫感染症である。タイではどちらも感染リスクがある。汚染された飲食物の摂取などで経口感染し、１日〜５日ほどの潜伏期間を経て下痢、発熱、嘔吐、腹痛などを起こす。アメーバ性赤痢では肝膿炎などの合併症を発症することもある。

Ａ型肝炎はＡ型肝炎ウイルスに汚染された飲食物を摂取することで感染する。発熱、黄疸、倦怠感、食欲不振、茶褐色の尿、白色便などの症状を起こす。Ａ型肝炎ウイルスは摂氏85度の温度の温度で1分間加熱をすると死滅する。

B型肝炎は、B型肝炎ウイルスの保有者との接触よる血液や体液などから感染し、性行為や輸血、注射針の使い回しなどが主な感染経路とされ、ウイルスに汚染されたカミソリなどの器具、刺青やピアスの穴開けなどに用いる針なども感染リスクがある。A型肝炎と同様の症状を呈すが、より症状が重く、慢性化すると肝硬変や肝臓がんに進行するのでとくに注意を要する感染症の一つだ。WHOは、タイを含めて東南アジア一帯は世界的に感染率の高い地域として注意喚起している。

タイは一時期、アジア諸国ではエイズ（HIV）感染者が多い国の一つで、タイ保険省の調査では、2018年、確認されている感染者だけで約48万人近くに上っている。タイでは1980年代に薬物乱用者、売春などを介して拡大した。エイズの主な感染経路は、性的接触、麻薬などの静脈注射、母子感染、輸血、臓器移植などで、これらの血液や体液を介する接触のないかぎり、日常生活では感染リスクは低い。

危険動物への対策

亜熱帯気候のタイには日本に生息していない生物も多い。これらのなかには危険な生物もいて、思わぬ接触によって時として命を脅かす事故が起きることもある。

その一つが毒蛇で、日本の毒蛇はマムシ、ハブ、ヤマカガシなどでこれらが生息している場所に行かないかぎり日常的に接触することはまずない。現在、タイ国内で生息している蛇の種類はおよそ１６５種、そのうち毒蛇は46種といわれている。そのなかで最もよく知られているのは、キングコブラだが、野生のキングコブラをはじめ毒蛇はタイ全土に生息している。バンコクのような都市部でも整備されていない川沿いの草むらや茂み、緑地などは毒蛇の危険地帯と考えたほうがよい。タイでは年間に約千人が毒蛇の被害に遭っている。

私の経験では、２００４年12月に発生したスマトラ島沖地震にともなうインド洋大津波の被災地で遺体の身元確認活動にあたったが、この活動中、現地のゴム林などに入ると、キングコブラをしばしば目にした。また、あるとき、バンコク郊外の川に釣りに出かけたのだが、川べりの草むらに蛇が多くいたため、途中で釣りを諦めて帰ってきたこともあった。

タイの蛇は地上の草むらや茂みだけではなく、樹木の幹や枝など垂れ下がっていのも目にする。このような蛇は樹木の枝やツルと見まちがいやすい。また、バンコク郊外や地方などでは大雨の直後や洪水時には多くの蛇が流れてくるので、このようなときにも注意が必要だ。

万一、蛇に噛まれたら、何よりもまず、周囲に人がいれば助けを求め、救急車を要請する。ただちに水道水の流水で傷口を洗い、傷口を止血するとともに、傷口よりも心臓に近い箇所を縛り毒の回りを止めたうえ、できるだけ早く病院で治療を受ける。治療の際は担当医師に噛まれた蛇の大きさや色、模様などの特徴を説明することが大切で、蛇の種類などによって治療に用いる血清や薬が異なるためである。

蠍（サソリ）は六節からなるカニのハサミ状の触脚をもつ蜘蛛の一種の総称で、世界各地に広く分布し、熱帯、亜熱帯および一部の温帯地域に生息している。サソリは夜行性で日中は森の樹の皮下、茂みや石の下、砂の穴などに隠れている。タイではサソリも蛇と同様、都市部以外ではどこにでもいる。タイの東北部などでサソリを珍味、精力剤などとして市場などで食用として売っているのを見ることもある。

タイを観光などで訪れ、街を歩いていると野良犬が多いのに気づいた人もいると思う。タイでも日本と同じようにペットの飼育に関する法令があり、犬の飼い主には放し飼いの禁止や予防接種が義務づけられているが、これが徹底されておらず、放し飼いにされている犬が多く、また、野良犬も路地や寺院などを住処にウロウロしており、実際には飼い犬か野良犬か区別できないのが実情である。観光客が、これらの犬に近づき不用意に頭を撫でようとして噛まれ狂犬病に感染した例もある。タイ人は子供も大人もそのようことはしない。野良犬は暑さのため日中は寝ているが、日が沈み暗くなると起きだして数匹のグループになって通行する人や自転車などを追い回して襲うことも多く、私が勤務していた国家警察庁の敷地内にも夜になると野犬の群れが出没することがしばしばあり、私自身、深夜に帰宅途中の路上で何度か襲われそうになったこともあった。

このような野良犬は狂犬病のウイルスを持っている可能性が高く、狂犬病のウィルスはすべての哺乳類に感染し、発症すると神経系統が侵され、ほぼ100パーセント死亡する恐ろしい感染症である。狂犬病は犬だけでなく、猫、猿、コウモリなどに噛まれることでも感染する。

このほか、タイで注意が必要な危険動物は、蜂、セアカゴケグモ、蛭（ヒル）などである。蜂は自然豊かな地方や郊外の地域はもちろん、バンコクの街中でも植物が多い公園などで飛んでいるのをよく目にする。ビルや建物の一角に蜂の巣があるのを目にすることもあり、身近なところで突然に蜂に刺される危険が潜んでいる。

日本でも近年、外来種の毒蜘蛛（セアカゴケグモ）などが見つかっている。外国から輸入された木材などに紛れてきたとみられる。セアカゴケグモはタイではよく目にする蜘蛛で、体長1センチ程度、黒い背面には赤い菱形の模様がある（雄は雌よりも小さく3～5ミリくらいで褐色）。咬まれると、その直後は痛みなどがほとんどないが、数時間後に咬まれた部位が痛み出し、子供や高齢者、抵抗力のない人は痛みが全身に及ぶことがあり、嘔吐、湿疹、発疹、頭痛、血圧上昇などをともなうこともある。

蛭は東南アジア一帯に生息しており、水田や河川、湿地帯に多く見られる。タイでも雨期の山岳地域のジャングルや森林などでも見られる。蛭は人の皮膚に取り付き吸血盤から血を吸い取る。蛭に刺されると強い痒みをともなう。蛭が取り付くと簡単には引き剥がせない。無理に引き剥がすと皮膚に蛭の吸盤が残り、血が止まらなくなる。血液を吸った蛭は野ブドウの実のように大きく垂れ下がる。蛭を剥がすにはタバコや線香の火を近づけると簡単に離れる。蛭が生息していそうな地域に入るときには、皮膚が露出しないように足首まで覆う靴を履き、つばの大きい帽子、長袖シャツ、長ズボンを着用し、シャツは首周りと袖口のボタンをしっかりと留め、ズボンの裾はゴムバンドなどで縛るなど対策が必要だ。

このような危険動物に噛まれた場合には傷口が小さく出血などがなくても、必ずすぐに傷を流水で洗い、なるべく早く病院での診察治療を受けなければならない。

おわりに

再び日本で教壇に立つ

２０２１年５月、新型コロナウイルス感染症の拡大で、タイでは都市封鎖（ロックダウン）や国内外の移動制限などが続いていたことから、私は一時、タイを離れることにした。

日本に帰国する前、国家警察庁の幹部のもとに挨拶にいくと、「席はいつでも空けておくので、ぜひまた戻って来てほしい」「警察大佐の補職は解かずにおく」と温かい言葉をかけてくれた。

帰国してからすでに1年半あまり（２０２２年12月現在）経ったが、何かの折にタイの同僚や部下に連絡すると、決まって「いつ帰って来るのですか？」と尋ねられる。私としては体力、気力ともまだまだ十分、またタイの警察官とともに汗を流すのはやぶさかではないので、タイ警察

警視庁警察学校で学生たちに実体験に基づく現場鑑識を教える戸島氏。

の身分証明書と金属製のエンブレムマークが付いている警察手帳はいつも手元に置いている。しかし、今すぐにタイへ戻ることができない事情がある。じつは、日本で任されている仕事があるからである。

２０２１年10月から東京・府中市にある警視庁警察学校で、非常勤講師として初任科教養課程の学生たちへ鑑識活動について教えている。ここではタイ警察で若い警察官たちを指導していたときと同様、知識ばかりではなく、これまでの経験から現場で役立つ技術や心構えを伝え、ほかの教官たちから聞けない話や講義をするのが私の役目だ。現場には教科書に載っていないことがたくさんある。私の講義には鑑識の実務経験が少ないほかの教官も見学に来ることもある。

学生たちの参考になるだろうと考えて、私がタイで撮影した写真なども見せながら教えているのだが、少し刺激が強いリアルな写真もあるので、教務部の役職者から「学生たちが夜眠れなくなったりすると困るので、手加減してやって下さい」と言われたこともある。首都の治安と都民の安全を守る警察官になるのだから、「写真を見たくらいで怖がっていては務まらないぞ」と思いながらも、今の若者たちには、彼らに合った教え方を工夫するのも大切だと思う。

本書の冒頭で触れた私が初任科学生だった当時、九段（現在、日本武道館がある北の丸公園）にあった警視庁警察学校の校舎は旧陸軍近衛師団の兵舎だった。学生寮内も旧軍の内務班（兵営内生活の最小単位で10人程度の兵・下士官からなる）そのままで、居室は真ん中の通路を挟んで、一段高い床に畳が敷かれていて、壁には三八式歩兵銃を保管する銃架《じゅうか》がそのまま残っていた。今、私が教えている警察学校の学生寮の居室は個室で、衣食住すべてが快適な環境で学ぶ初任科学生たちを見ると、隔世の感がある。

また、2022年5月からは、東京・文京区の拓殖大学に客員教授として招かれ、「海外における危機管理」をテーマに学生たちを教えている。これは元警察庁の高級幹部の大先輩からのご指名だったのでお引き受けした。

そこでは本書の第5章以下で紹介したような、私の経験を通した海外で心がけるべき防犯や安全対策を中心に講義しているが、実体験に基づく事件・事故の話題は事欠かないので、受講する学生たちも興味津々、熱心に話を聞いてくれる。やることもないまま日本に帰って来たのに、すぐにこのような職務を与えられたのは、多くの先輩や後輩たちのおかげである。

それともう一つ、タイに戻れなくなった理由がある。帰国して間もなく再婚したからである。相手は国立病院で看護師長を務めていた死別した妻とともに長く働いていた女性で、昔からの知り合いである。私がタイへ行っているあいだ、留守宅の見守りを頼んでいたのだが、それ以外にもいろいろと世話になっていたことから、そのまま成りゆきで所帯を持つことになった。私が今も元気に教壇に立ち、若者たちを指導できるのも、この人の支えがあるからで、これも亡き前妻が導いてくれた縁だったのかもしれない。

悔いなし〝鑑識人生〟

警察官の勤務はふつう、2~3年のサイクルで異動や配置換えがあるのだが、三十数年間、鑑識一筋で現場に立ち続けてきた私は、ときどき人から「なぜ、長いあいだ警視庁鑑識課で勤務することになったのですか?」と尋ねられることがある。私自身、はっきりとした答えはわからない。何度か捜査一課長から捜査一課に来ないかと誘いを受けたこともあったが、「捜査員を動かすのは鑑識だ」と言ったら、「偉そうなことを言うな！」と怒られた。やはり、鑑識の仕事が性に合っており、好きだったのである。

警視庁の鑑識課勤務になって10年あまり経った頃、当時、鑑識課長だった田宮榮一氏に「こんなに長く異動がないのはどうしてですか？　私の転勤はいつでしょうか？」と聞いたことがあった。すると、「お前みたいに口が悪く、すぐに組織からはみ出した行動をするやつは、所轄に行くとそこの迷惑になる。そんな人事をすると本部にクレームが来るから、ここに置いておくんだ！」と田宮課長に一喝された。

確かに、私は自分が思ったことは誰にでもはっきり言うし、正しいと信じたことは少しくらいむちゃをしても実行に移してきた。田宮課長がどこまで本気で言っていたのかはわからないが、結果的に鑑識課で定年まで勤め上げることができたのは幸運だった。

多くの事件・事故の真相究明と解決に携わり、ときには関係者から感謝の言葉をかけられたり、被害者やご遺族の無念を少なからず晴らすこともできたと自負する一方、まさに地べたを這いずり回りながら、困難な捜査、つらい仕事も数えきれないほどあった。それでも鑑識捜査員を続けられたのは「俺がやらなければ、誰がやるのだ」という一念からだった。私の後輩にあたる警視庁、そして全国の警察の鑑識捜査員も、おそらく、かつての私と同じ気持ちで日々、任務を遂行しているに違いない。

本書を執筆している1年後の2024（令和6）年は、1874（明治7）年、大警視・川路利良によって東京警視庁が創設されてから150周年にあたる。この歴史の一部を、その現場から直接見ることができたのは、私にとって人生の貴重な財産である。これからも天命のかぎり、私の経験とそこで学んだ精神を後進や多くの人々に伝えていきたい。

著者経歴

1941（昭和16）年（1月1日）、山口県下関市生まれ。

1960（昭和35）年、高等学校卒業、陸上自衛隊入隊。新隊員教育課程修了後、第1空挺団（24期）に配属、勤務。

1963（昭和38）年、警視庁警察官に採用。警視庁警察学校入校、巡査拝命。

1964（昭和39）年、警察学校初任科教養課程修了、蒲田警察署に配属。地域課（北糀谷派出所、蒲田駅前派出所）、留置係などを勤務。

1967（昭和42）年、蒲田警察署刑事課鑑識係に配属。

1970（昭和45）年、警視庁刑事部鑑識課（写真係）に配属。

警視庁刑事部鑑識課勤務時、捜査に従事した主要な事件・事故／（　）内は事件などの発生年
三島由紀夫割腹事件（1970年）、上赤塚派出所襲撃事件（1970年）、連合赤軍リンチ殺人事件（1970～71年）、三菱重工本社ビル爆破事件ほか連続企業爆破事件（1974年）、「ロス疑惑」事件（1981～82年）、ホテル・ニュージャパン火災（1982年）、羽田沖日本航空機墜落事故（1982年）、日本航空123便墜落事故（1985年）、「トリカブト保険金殺人」事件（1986年）、東京・埼玉連続幼女誘拐殺人事件（1988～89年）、オウム真理教関連事件（1989～95年）など。

1995（平成7）年、国際協力事業団（JICA）・国際協力専門員に選抜、指定（4月）。警視庁から国際協力事業団に出向、タイ王国派遣。同国国家警察局科学捜査部に鑑識技術指導員として着任（11月）。

1997（平成9）年、タイ王国国家警察局の要請により派遣期間1年延長。

1998（平成10）年、帰国。警視庁刑事部鑑識課に復職。

2000（平成12）年、警視庁似顔絵捜査員制度の新設にともない「似顔絵捜査員001号」に指定。

2001（平成13）年、警視庁を定年退職、最終階級警部。在職中、警視総監賞、部長賞など107回表彰、「第64回・都民の警察官」（1994年）、「警察功績章」（2001年）受賞。警視庁嘱託職員（鑑識技術指導員）として再雇用。

2002（平成14）年、タイ王国国家警察庁から鑑識技術指導の再要請、このため警視庁嘱託職員を依願退職。タイ王国国家警察庁科学捜査局に任用、警察大佐に補職。国際協力機構（JICA）・シニア海外ボランティアに任命（4月）。

タイ王国国家警察庁勤務時、捜査活動・指導に従事した主要な事件・事故／（）内は事件などの発生年
マレーシア人による邦人2人の殺害事件（2002年）、タイ南部におけるアルカイダ・テログループによる陸軍駐屯地、警察署、市役所などの襲撃事件（2003年）、タイ南部のスマトラ島沖地震にともなうインド洋津波災害による死亡者の検視・身元確認活動（2004年）、タクシン首相暗殺未遂爆破事件（2006年）、パタヤにおける邦人殺害事件（2007年）など。

2005（平成17）年、外務大臣（麻生太郎）から「スマトラ島沖地震およびインド洋津波災害での国際緊急援助隊の活動への協力、支援に対する感謝状」拝受。

2008（平成20）年、国際協力機構（緒方貞子理事長）から「スマトラ島沖地震・インド洋津波災害でのJICA国際緊急援助隊の活動への協力、支援に対する感謝状」拝受。

2011（平成23）年、秋の叙勲で「瑞宝単光章」を受章。

2012（平成24）年、「警察庁長官感謝状」を拝受。

2021（令和3）年、帰国。現在、警視庁警察学校非常勤講師、拓殖大学客員教授。

戸島国雄（とじま・くにお）
1941年生まれ。陸上自衛隊勤務を経て1963年警視庁入庁。1970年警視庁刑事部鑑識課写真係。鑑識課在職中に千枚以上の似顔絵を作成し、事件解決に貢献。三島由紀夫割腹事件、連合赤軍リンチ殺人事件、三菱重工爆破事件、ロス疑惑事件、ホテル・ニュージャパン火災、羽田沖日航機墜落事故、日航123便墜落事故、トリカブト保険金殺人事件、連続幼女誘拐殺人事件、オウム真理教関連事件など数々の大事件を担当。警視総監賞・部長賞など107回表彰。1995年JICA国際協力専門員として、タイ王国国家警察局科学捜査部に派遣され、鑑識捜査技術を指導。1998年帰国。2000年似顔絵捜査員制度の第1号に任命。2001年警視庁を定年退職。2002年3月タイ国家警察庁の要請で再びタイに渡り、JICAシニア海外ボランティアに任命。著書に『タイに渡った鑑識捜査官—妻がくれた第二の人生』『警視庁似顔絵捜査官001号』『警視庁刑事部現場鑑識写真係』（いずれも並木書房）。タイ王国国家警察庁警察大佐、警視庁警察学校非常勤講師、拓殖大学客員教授。

日本・タイ警察人生６０年
—鑑識捜査官が語る事件・危機管理—

2023年５月10日　印刷
2023年５月20日　発行

著　者　戸島国雄
発行者　奈須田若仁
発行所　並木書房
〒170-0002東京都豊島区巣鴨2-4-2-501
電話(03)6903-4366　fax(03)6903-4368
http://www.namiki-shobo.co.jp
印刷製本　モリモト印刷

ISBN978-4-89063-437-7